CONSTITUCIÓN, INTEGRACIÓN Y MERCOSUR EN VENEZUELA

JORGE LUIS SUÁREZ MEJÍAS

CONSTITUCIÓN, INTEGRACIÓN Y MERCOSUR EN VENEZUELA

cidep
Centro para la Integración y el Derecho Público

Editorial Jurídica Venezolana
Caracas, 2016

© Jorge Luis Suárez Mejías
ISBN 978-980-365-329-3
Depósito Legal lf54020153404001

CENTRO PARA LA INTEGRACIÓN Y EL DERECHO PÚBLICO (CIDEP)
Avenida Santos Erminy, Urbanización Las Delicias,
Edificio Park Side, Oficina 23, Caracas, Venezuela
Teléfono: +58 212 761.7461 - Fax +58 212 761.4639
E-mail: contacto@cidep.com.ve
http://cidep.com.ve

Editorial Jurídica Venezolana
Sabana Grande, Av. Francisco Solano, Edif. Torre Oasis, Local 4, P.B.
Apartado Postal 17.598, Caracas 1015-A, Venezuela
Teléfonos: 762.2553/762.3842 - Fax: 763.5239
E-mail: fejv@cantv.net
http://www.editorialjuridicavenezolana.com.ve

Impreso por: Lightning Source, an INGRAM Content company
para Editorial Jurídica Venezolana International Inc.
Panamá, República de Panamá.
Email: ejvinternational@gmail.com

Diagramación, composición y montaje
por: Mirna Pinto de Naranjo, en letra Book Antigua 11,
Interlineado 12, mancha 10x16,5

JORGE LUIS SUÁREZ M. es Doctor en Derecho y Magíster Universitario en Derecho Comunitario Europeo, Universidad Complutense de Madrid. Especialista en Derecho Administrativo y Abogado, Universidad Católica Andrés Bello de Caracas. Diplomado en Integración Regional y Relaciones Económicas Internacionales, Universidad de Barcelona (España). Ha sido Catedrático de "Responsabilidad del Estado" de la Universidad de La Sabana (Colombia) y Profesor Invitado de las materias "Derecho Administrativo Económico" en la Especialización en Derecho Administrativo de la Universidad del Rosario (Colombia); "El Contencioso Administrativo en los Sistemas de Integración" en la Maestría de Derecho Administrativo de la Universidad de El Rosario (Colombia); y "Derecho Administrativo Global" en la Maestría en Derecho con énfasis en Derecho Administrativo de la Universidad Externado de Colombia. Fue muchos años Profesor-Investigador del Instituto de Investigaciones Jurídicas de la Universidad Católica Andrés Bello de Caracas y es Profesor Asistente de Derecho Administrativo de la Escuela de Derecho de la Universidad Central de Venezuela. Ha sido Consultor Internacional de la Secretaría General de la Comunidad Andina (Lima, Perú), Investigador Invitado del Instituto Max Planck de Derecho Público Internacional Comparado (Heidelberg, Alemania) y Profesor Invitado de la materia "Comunidad Andina" en el Máster de Derecho de la Unión Europea de la Universidad Complutense de Madrid. Actualmente es Director General del Centro para la Integración y el Derecho Público (CIDEP), consultora privada con sede en Caracas y actividades de investigación en los países andinos.

PRÓLOGO

SOBRE EL LARGO CAMINO CONSTITUCIONAL PARA LA INTEGRACIÓN REGIONAL ANDINA Y SU ABANDONO

Allan R. Brewer-Carías
Profesor de la Universidad Central de Venezuela

El profesor Jorge Luis Suárez, quien es uno de los pocos abogados venezolanos especializados en los temas del derecho de la integración, me ha hecho el honor de solicitarme prologue su libro sobre *Constitución, Integración y Mercosur en Venezuela,* que se suma a su amplia bibliografía sobre estos temas, que además de varios trabajos publicados en revistas jurídicas y obras colectivas, comprende sus libros, *El Derecho Administrativo en los Procesos de Integración: la Comunidad Andina,* FUNEDA, Caracas 2005; y *La Responsabilidad Patrimonial del Estado y el Derecho Comunitario: una visión europea, andina y venezolana,* Editorial Sherwood, Caracas 2006.

El profesor Suárez, quien después de largos años de docencia en la Universidad Católica Andrés Bello y la Universidad Central de Venezuela, en Caracas, más recientemente ha sido Profesor en la Universidad Externado de Colombia, en la Universidad de La Sabana y en la Universidad del Rosario en Bogotá, se graduó de abogado en la Universidad Católica Andrés Bello en 1985, habiendo luego seguido el Curso de Especialización en Derecho Administrativo de la misma Universidad en 1993, habiendo completado sus estudios obteniendo el título *Magíster Universitario en Derecho Comunitario Europeo* de la Universidad Complutense de Madrid, en 1996, en el Programa dirigido por el profesor Ricardo Alonso García; el título de *Doctor en Derecho Cum Laude* de la Universidad Complutense de Madrid, en 2001, en el Programa sobre "Problemas Actuales del Derecho Administrativo," dirigido por el profesor Eduardo García de Enterría; y el *Diplomado* en Integración Regional y Relaciones Económicas Internacionales de la Universidad de Barcelona, en 2005.

Tenemos en las manos, por tanto, un libro de un cabal especialista en materia de derecho de la integración, con una importante obra escrita sobre la materia, respecto de la cual poco podría agregarse.

Sin embargo, a petición del autor, y consciente de esa limitación, me ha aventurado a escribir este prólogo, básicamente por mi vínculo histórico con los estudios sobre el tema, que se remontan a 1967 cuando asistí al recordado *Seminario para profesores de derecho sobre Integración Regional* que organizó el Instituto para la Integración de América Latina, en Buenos Aires, en 1967; cuando organicé los *Seminarios Internacionales sobre derecho de la Integración Regional* en el Instituto de Derecho Público de la Universidad Central de Venezuela a partir de 1968, y cuando asistí, como asesor legal, a la Delegación de Venezuela en la negociación final del Pacto Andino, en Cartagena en 1968.

Como siempre que escribo un Prólogo, y como homenaje al autor por su obra, a continuación formulo una serie de consideraciones sobre el tema del largo camino constitucional de Venezuela para la integración regional, y su lamentable abandono al retirarse de la Comunidad Andina e ingresar en el Mercosur.

I. CONSTITUCIÓN E INTEGRACIÓN

Un proceso de integración económica entre países, solo puede efectivamente desarrollarse cuando los mismos tengan un marco constitucional específicamente dispuesto para ello. Por ello hemos dicho que desde el punto de vista constitucional, el proceso de integración que se desarrolló en Europa, desde sus inicios y en todas sus fases, siempre estuvo precedido de un *reacomodo de las Constituciones de los Estados miembros,* para permitirlo y posibilitarlo, de manera de evitar, en lo posible, todo conflicto entre lo que ha significado, jurídicamente, la integración económica, la Comunidad y la Unión; con lo previsto en las Constituciones de los Estados miembros; siendo las reformas constitucionales una exigencia y a la vez, consecuencia lógica y necesaria para el avance de la integración[1].

En efecto, para garantizar la ejecución de los fines de la integración, progresivamente resultó indispensable que los Países miembros transfirieran a los órganos comunitarios competencias originalmente reservadas por las Constituciones nacionales a los órganos de los poderes nacionales. Así sucedió por ejemplo, con el establecimiento de un arancel externo común, que tuvo que pasar a ser una competencia "comunitaria" no siendo posible, una vez establecido, que los países miembros pudieran llegar a fijar aranceles distintos a los que estableciera el órgano comunitario competente. Para ello fue indispensable que en casos como el señalado, los órganos nacionales cedieran sus competencias en esas determinadas materias a los órganos supranacionales.

Desde el punto de vista jurídico, la consecuencia fundamental del surgimiento de dichas instituciones su-

---

[1] Véase en general Allan R. Brewer-Carías, *Las implicaciones constitucionales de la integración económica regional,* Editorial Jurídica Venezolana, Caracas, 1998.

pranacionales, fue el nacimiento de un nuevo derecho: el derecho comunitario, conformado por el conjunto de tratados que originaron la comunidad y por las normas dictadas por los órganos comunitarios para garantizar el cumplimiento de los objetivos comunes fijados. La doctrina y jurisprudencia europea tradicionalmente señalaron que el referido derecho comunitario comprendía a su vez, el derecho comunitario originario, constituido por los tratados suscritos por los Estados miembros como actores del derecho internacional público y sus modificaciones; y el derecho comunitario derivado, integrado por el conjunto de normas de diverso rango, emanadas de los órganos comunitarios o supranacionales creados. El derecho comunitario, por lo tanto, es un derecho distinto, novedoso, que cabalga entre el derecho internacional y el derecho interno de cada país miembro.

La vasta doctrina y jurisprudencia europea han dejado claramente definido el criterio de que para garantizar la aplicación uniforme del derecho comunitario en los Países miembros es indispensable el cumplimiento de al menos tres requisitos: en *primer lugar*, la atribución de competencias propias de los órganos constitucionales de los Estados a los órganos comunitarios; en *segundo lugar*, la primacía del derecho comunitario y su exclusión del ámbito de los controles constitucionales internos de cada país; y, en *tercer lugar*, la aplicación directa de la normativa dictada por dichos órganos. Para ello, como lo enseña el ejemplo europeo, la única manera para garantizar el cumplimiento de los principios antes señalados en cada uno de los Países miembros, es que sus respectivas Constituciones consagren expresamente, por una parte, la posibilidad de transferir competencias a órganos comunitarios y, por la otra, el efecto directo de dicha normativa en el ámbito interno.

De ello resulta que no se puede llegar a desarrollar un régimen de integración económica efectivo, desconociendo o coartando en el orden interno el contenido y aplicación de los principios que rigen el derecho comunitario, a cuyo efecto las Constituciones de los países miembros deben regular el tema.

Por ello, si se analiza la experiencia europea se puede apreciar que todos y cada uno de los Estados de la actual Unión Europea consagraron en sus Constituciones, previamente al ingreso a las Comunidades o a la Unión, la posibilidad de atribuir competencias que corresponden a los órganos legislativos, ejecutivos y judiciales nacionales a órganos comunitarios, con la previsión expresa de aceptar limitaciones a su soberanía.

Además, a medida que se fue profundizando el proceso de integración europea, como por ejemplo sucedió con el paso de la Comunidad Europea a la Unión Europea, y su consolidación a través de los Tratados de Maastricht y de Ámsterdam, la aprobación de estos instrumentos conllevó a que se realizaran reformas constitucionales (como por ejemplo, los casos de Alemania, Francia y España, países que tuvieron que proceder a realizar dichas modificaciones, después de emitidas las decisiones de sus respectivos Tribunales Constitucionales, que así lo impusieron) e incluso *Referéndum,* (como fue el *Referéndum consultivo* de Francia, o el de Dinamarca) en los Estados de la Unión.

De lo anterior resulta, por tanto, que en Europa, el problema jurídico de la integración *siempre encontró solución en las normas constitucionales de los Estados Miembros,* de manera que el derecho comunitario se fundamenta, en último término, en la Constitución de cada uno de ellos[2].

En América Latina, en cambio, en las últimas décadas, paralelo a los esfuerzos de implementar procesos de integración económica, muy poca importancia se le dio a las bases constitucionales necesarias para el mismo; y si bien la cuestión constitucional de la integración constitu-

---

[2] *Idem.* Véase además, Allan R. Brewer-Carías, "Las exigencias constitucionales de los procesos de integración y la experiencia latinoamericana" en *Congreso de Academias Iberoamericanas de Derecho,* Academia Nacional de Derecho y Ciencias Sociales de Córdoba, Córdoba 1999, pp. 279-317.

cional de la integración latinoamericana, discutida am-
pliamente en la década de los sesenta[3], particularmente de
la integración andina, fue resuelta satisfactoriamente en
países como Colombia y en Venezuela, sin embargo, por lo
que respecta nuestro país, antes que darle el uso y aplicación que se requería para impulsar la integración del mismo en la Comunidad Andina, lo que se hizo fue abandonar
dicho proceso de integración a partir de 2006.

II. ALGO DE HISTORIA SOBRE EL PROCESO DE INTEGRACIÓN EN AMÉRICA LATINA Y EL ACUERDO DE CARTAGENA DE 1968

Como consecuencia de las actividades desarrolladas
por la Comisión Económica para la América Latina (CE-
PAL) de las Naciones Unidas, y de las negociaciones lle-
vadas a cabo a finales de la década de los cincuenta entre
diversos países latinoamericanos, puede decirse que fue
en 1960 cuando se inició el proceso de integración económica en América Latina, con la firma del Tratado de Mon-

---

[3]   Véase en general, Alberto A. Natale, *La integración latinoamericana y la cuestión constitucional,* Buenos Aires 1997; Emilio J.
Cárdenas, "En torno a la constitucionalidad de un eventual
Mercado Común Latinoamericano", en *Jurisprudencia Argentina,* Buenos Aires, 12-13, febrero 1967; Arturo Fajardo Mal-
donado, "Soberanía y Derecho Internacional en el Proceso
de integración económica centroamericana", *Revista de la Facultad de Ciencias Jurídicas y Sociales,* Universidad de San Carlos de Guatemala, Nos. 3 al 6, 1967-1968, páginas 49 a 82;
Instituto Interamericano de Estudios Jurídicos Internacionales, *Mesa Redonda sobre la integración de América Latina y la
cuestión constitucional,* Universidad Nacional de Colombia,
Bogotá, 6-8 Febrero 1967, *Informe de la Secretaría General,*
Washington, 1967, 106 páginas; Allan R. Brewer-Carías, *Los
problemas constitucionales de la integración económica latinoamericana,* Caracas 1968.

tevideo que creó la Asociación Latinoamericana del Libre Comercio (ALALC) y la zona respectiva en todo el ámbito suramericano[4].

Este Tratado, al cual se adhirió Venezuela en 1966[5], tenía entre sus objetivos inmediatos la constitución de una zona de libre comercio, es decir, la eliminación de los derechos de aduana y demás restricciones en el comercio de los productos originarios de los países miembros de la zona, pero conservando cada uno de ellos la individualidad aduanera respecto de terceros países no miembros de tal área. Como toda zona de este tipo, la ALALC buscaba la liberación del comercio intrazonal, pero sin llegar a constituir una unión aduanera.

El proceso de conformación y perfeccionamiento de esta zona de libre comercio, que debía haberse concluido definitivamente en 1972 y que por las dificultades de funcionamiento de la ALALC, se extendió hasta 1980[6], se dificultó por la excesiva protección de las economías nacionales que permitía el Tratado y la ausencia de poderes supranacionales de los órganos de la Asociación: todas las decisiones siempre fueron adoptadas, después de un laborioso proceso de negociaciones entre las partes.

---

[4]   El Tratado de Montevideo fue ratificado por Argentina, Bolivia (1967), Brasil, Chile, Colombia, (1961), Ecuador (1961), México, Paraguay, Perú, Uruguay y Venezuela (1966). La ALALC en esta forma, constituyó el área de integración más amplia de los países en vías de desarrollo con una superficie de alrededor de 19 millones de Km².

[5]   Véase la Ley Aprobatoria del Tratado en *Gaceta Oficial* N° 1.244 Extr. de 10-10-68.

[6]   Así se dispuso en el Protocolo de Caracas modificatorio del Tratado de Montevideo de 12 de diciembre de 1969. Véase en *Foro Nacional sobre Venezuela y la Integración Latinoamericana 1971*. Documentación Informativa, Tomo I, Caracas, 1971, p. 566.

Posteriormente, en la Declaración de Presidentes de América de 1967, suscrita en Punta del Este[7], se indicó que el Mercado Común Latinoamericano que se había resuelto crear progresivamente a partir de 1970 en un período no superior a 15 años, se debía basar en el desarrollo completo y la progresiva convergencia entre el Mercado Común Centroamericano y la ALALC.

Estas dos organizaciones de integración se estimaron entonces como los instrumentos adecuados para la formación del futuro Mercado Común Latinoamericano, que después de la reforma de la Carta de la Organización de los Estados Americanos de 1967, constituía, en cierta forma, un objetivo del sistema interamericano[8].

Pero el impulso que aparentemente se le dio desde el punto de vista político a la ALALC, hizo temer a los países de menor desarrollo relativo y los de mercado insuficiente, que la ALALC podía resultar un proceso en definitiva ventajoso para los países más desarrollados de la región (Argentina, Brasil y México) en perjuicio de aquéllos, lo que provocó que los países andinos se comprometieran en la creación entre ellos de una unidad económica subregional dotada de un mercado ampliado, tarifa externa común y política industrial coordinada que les permitiera participar en términos de equilibrio y equidad, en un Mercado Común Latinoamericano.

---

[7] Véase en *Foro Nacional sobre Venezuela y la Integración Latinoamericana*, 1971, Documentación Informativa, Tomo I, *cit.*, pp. 297 y ss.

[8] Artículo 40 del Protocolo de Buenos Aires, por el cual se reformó la Carta de la OEA, establece expresamente que los Estados miembros reconocen que la integración de los países en desarrollo del Hemisferio es uno de los objetivos del Sistema Interamericano y, en consecuencia, deben orientar sus esfuerzos y adoptar las medidas necesarias para acelerar el proceso de integración, con miras a establecer un Mercado Común Latinoamericano en el menor tiempo posible.

Dicha fórmula del acuerdo subregional, además, ya había sido promovida por la Declaración de Bogotá de 1966, adoptada por los Presidentes de los países andinos y ratificada en la Declaración de los Presidentes de América de 1967[9].

Ello condujo al establecimiento, mediante el Acuerdo de Cartagena de 1968, del "Grupo Andino" de Integración Subregional que se configuró, sin lugar a dudas, como el esquema de integración económica más acabado y desarrollado de América Latina, y que a partir de 1996, se fue transformando en la Comunidad Andina de Naciones.

Debe mencionarse, por otra parte, que la finalización del período de transición previsto en el Tratado de Montevideo que constituyó la ALALC, para fines de 1973, prorrogada por el Protocolo de Caracas, hasta fines de 1980, aunado al estancamiento y crisis de la ALALC que derivó, fundamentalmente, de la fórmula empleada para su implementación a través de negociaciones producto por producto; llevaron a los países miembros en 1980, en la Conferencia de la Asociación celebrada en Acapulco, México, a aprobar el proyecto de un nuevo Tratado de transformación de la ALALC en la Asociación Latinoamericana de Integración (ALADI) que fue constituida por el Tratado de Montevideo de 1980, suscrito el 12 de agosto de 1980 por los gobiernos de Bolivia, Brasil, Colombia, Chile, Ecuador, México, Paraguay, Perú, Uruguay y Venezuela[10],

---

[9] La Declaración de Bogotá de 1966 fue firmada por los Presidentes de Colombia, Chile y Venezuela y por los representantes personales de los Presidentes de Ecuador y Perú, el 16 de agosto de 1966. Bolivia se adhirió a dicha Declaración en 1967. Véase el texto en *Foro Nacional sobre Venezuela y la Integración Latinoamericana 1971*, Documentación Informativa, Tomo II, Caracas, 1971, pp. 7 y ss.

[10] Véase la Ley aprobatoria en *Gaceta Oficial* Nº 3.033 de 18-10-82.

JORGE LUIS SUÁREZ MEJÍAS

dado que estaban persuadidos "que la integración económica regional constituye uno de los principales medios para que los países de América Latina puedan acelerar su proceso de desarrollo económico y social, a fin de asegurar un mejor nivel de vida para sus pueblos".

En cuanto a la integración andina, el impulso final partió de la Declaración de Bogotá de los Presidentes de Colombia, Chile y Venezuela y de los representantes de los Presidentes de Ecuador y Perú de 16 de agosto de 1966, en la cual éstos asumieron el compromiso de acelerar el proceso de integración dentro del marco de la ALALC y de adoptar medidas concretas a favor de los países de menor desarrollo relativo y mercado insuficiente.

Asimismo, asumieron compromisos para coordinar sus políticas de desarrollo industrial; suscribir convenios de complementación para establecer nuevas industrias o expandir las existentes: establecer una Corporación de Fomento para la promoción y realización de los proyectos de interés común; y establecieron una Comisión Mixta Intergubernamental para elaborar el acuerdo subregional de integración de los países andinos.

Posteriormente, en la Declaración de los Presidentes de América de 1967 se propició, la concertación "de acuerdos subregionales, de carácter transitorio, con regímenes de desgravación interna y armonización de tratamiento hacia terceros, en forma más acelerada que los compromisos generales y que sean compatibles con el objetivo de la integración regional".

En el mismo año 1967, en la reunión, del Consejo de Ministros de Relaciones Exteriores de la ALALC, se dictaron sendas Resoluciones relativas a las normas a las que debían ajustarse los acuerdos subregionales que se firmasen en el seno de la ALALC; y a las bases del acuerdo subregional, entre Colombia, Chile, Ecuador, Perú y Venezuela, delegándose al Comité Ejecutivo Permanente de la ALALC el examen y declaración de compatibilidad del Acuerdo subregional con el Tratado de Montevideo[11].

Así, el 26 de mayo de 1969, después de un largo período de negociaciones, los países signatarios de la Declaración de Bogotá de 1966[12], con excepción de Venezuela, firmaron el Acuerdo de Cartagena, es decir, el Acuerdo de Integración Subregional del Grupo de países andinos al cual se adhirió Venezuela en 1973[13].

El Grupo Andino nació entonces, y ante todo, como un proceso de integración económica que se realizó dentro de los marcos del Tratado de Montevideo y, por tanto, de la ALALC. De ahí que una de las primeras decisiones que se adoptaron después de su firma, fue la Resolución de la ALALC[14], declaratoria de la "compatibilidad" del Pacto

---

[11]   Resoluciones N° 202 (CM-II/VI-E) N 203 (CM-II/VI-E) de 2 de septiembre de 1967 y N° 222 (VII) de 17 de diciembre de 1967. Véase en *Foro Nacional sobre Venezuela y la Integración Latinoamericana 1971, cit.,* Tomo I, pp. 199 y ss.

[12]   Bolivia, Chile, Colombia, Ecuador y Perú. El Acuerdo quedó abierto a la adhesión de las demás partes contratantes del Tratado de Montevideo (Apt. 109). Venezuela inició el proceso de adherirse al firmarse el Consenso de Lima el 13 de febrero de 1973 y al aprobar la Comisión del Acuerdo la Decisión N° 70, relativa a las "Condiciones para la adhesión de Venezuela al Acuerdo de Cartagena".

[13]   Véase el texto del Acuerdo en *El Pacto Andino,* Madrid, 1973, pp. 303 y ss. La Ley Aprobatoria se publicó en *Gaceta Oficial* Extraordinaria N° 1.620 de 1-11-73.

[14]   Véase, Resolución del Comité Ejecutivo Permanente de la ALALC, N° 179, de 9 de julio de 1969, que declara la compatibilidad con el Tratado de Montevideo del Acuerdo de Integración Subregional suscrito por Bolivia, Colombia, Chile, Ecuador y Perú, en *Foro Nacional sobre Venezuela y la Integración Latinoamericana 1971, cit.,* Tomo I, p. 284.

Andino con el Tratado de Montevideo, como el mismo texto del Acuerdo de Cartagena lo requería[15].

Ello no significó, sin embargo, que el Acuerdo de Cartagena no tuviera autonomía propia, sino que conformó un mecanismo complementario de los esfuerzos que dentro de la ALALC se desarrollaban para la formación del futuro Mercado Común Latinoamericano, que a partir de 1980 es el objetivo de la ALADI.

El Acuerdo de Cartagena, en esta forma, puede considerarse como el único efectivo proceso de integración en América Latina acordado entre los países andinos y que estableció las bases para un Mercado Común Andino entre Bolivia, Colombia, Chile, Ecuador, Perú y Venezuela, que superaba los 5.440 millones de Km2, con una población en ese entonces superior a los 68 millones de habitantes, y con un volumen de comercio exterior al constituirse, superior a los 11.000 millones de dólares. Mediante el esquema de integración andina previsto en el Tratado y sus varias modificaciones,[16] se perseguían tres objetivos fundamentales: promover el desarrollo equilibrado y armónico de los países miembros en condiciones de equidad, mediante la integración y la cooperación económica y social; acelerar su crecimiento y la generación de ocupación; facilitar su participación en el proceso de integración regional, con miras a la formación gradual de un Mercado Común Latinoamericano.

---

[15]   El artículo 110 de Acuerdo de Cartagena exigía que el mismo fuera sometido a la consideración del Comité Ejecutivo Permanente de la ALALC a los efectos de que éste declarara la compatibilidad de aquél con el Tratado de Montevideo.

[16]   Véase el Protocolo adicional de 1976, el Protocolo adicional de Lima de 1977, el Protocolo adicional de Arequipa de 1978, aprobados por Ley y publicados, respectivamente, en *Gaceta Oficial* N° 31.109 de 12-11-76; N° Extra 2.118 de 30-12-77; y N° Extra 2.310 de 20-9-78. Véase el "Protocolo de Quito" modificatorio del Acuerdo de Cartagena, aprobado por ley publicada en *Gaceta Oficial* N° 33.958 de 4-5-88.

Para realizar dichos objetivos, el Acuerdo de Cartagena previó diversos mecanismos entre los cuales deben destacarse: la armonización gradual de políticas económicas y sociales y la aproximación de las legislaciones nacionales; la programación conjunta, la intensificación del proceso de industrialización subregional y la ejecución de programas industriales; un programa de liberalización del intercambio comercial; un arancel externo común e integración física (Artículos 1 y 2, del Acuerdo).

Una pieza fundamental de ese proceso fue la decisión de la Comisión del Acuerdo de Cartagena, N° 24 de 1970 que aprobó el Régimen Común de Tratamiento de los Capitales Extranjeros y sobre Marcas, Patentes, Licencias y Regalías[17], con lo cual se reguló uniformemente en todos los países miembros del Grupo, el régimen de las inversiones extranjeras; y otra fue la Decisión 85 sobre Régimen Común de la Propiedad Industrial, la cual nunca fue aprobada por Ley en Venezuela, por lo que nunca fue aplicada en el país.

---

[17] Esta Decisión N° 24, de 31 de diciembre de 1970 fue aprobada por Ley. Véase *Gaceta Oficial* N° 1.620 Extra de 1-11-73. La referida Decisión N° 24 fue objeto de ajustes en la Decisión N° 37 de 24 de junio de 1971, mediante el cual se establecieron los "ajustes al régimen común de tratamiento a los capitales extranjeros sobre marcas, patentes, licencias y regalías" cuyo texto también se aprobó por Ley. Véase *Gaceta Oficial* N° 1.620 Extra de 1-11-73. Con motivo de la adhesión de Venezuela al Grupo Andino, en la Decisión N° 70 de la Comisión de 1973, se aprobaron además otras modificaciones a los artículos 1 y 13 de la Decisión N° 24 (Artículos 33 y 34 de la Decisión N° 70), también aprobadas por Ley. Véase en la misma *Gaceta Oficial* N° 1.620 Extra de 1-11-73. Posteriormente en 1973, mediante las decisiones Nos. 103 y 109 se reformó nuevamente la Decisión 24, las cuales fueron aprobadas por Ley. Véase en *Gacetas Oficiales* Nos. 2.052 de 20-6-77 y 2.112 de 22-12-77, respectivamente.

Esta decisión fue sustituida por la Decisión 313 sobre el mismo Régimen Común, la cual, sin embargo, y sin aprobación legislativa, se publicó en *Gaceta Oficial*[18] y comenzó a ser aplicada.

En efecto, con esa publicación efectuada conforme a las normas del artículo 2 del Tratado que creó el Tribunal Andino de Justicia, se comenzó a aplicar la Decisión 313 en el país, razón por la cual un reclamo de inconstitucionalidad fue intentado en 1992 contra el referido acto de publicación, argumentándose que era necesaria una ley aprobatoria previa. La Decisión N° 313 fue posteriormente derogada y sustituida por la Decisión N° 344 de 21-10-93 publicada en la *Gaceta Oficial* del Acuerdo de Cartagena N° 142 de 29-10-93, y también publicada en la *Gaceta Oficial* de la República, sin aprobación legislativa previa.[19]

El marco institucional del Acuerdo de Cartagena, se conformó, además por el Consejo de Ministros de Relaciones Exteriores del Grupo, que era un órgano de mero carácter intergubernamental, y por otros cuatro órganos comunitarios principales: la Comisión, la Junta, el Tribunal Andino de Justicia, y como órgano deliberante común, el Parlamento Andino.

En 1996 se adoptó el Protocolo de Quito que cambió el nombre al Grupo Andino por el de Comunidad Andina, consolidándose su marco supranacional; de la cual sin embargo, Venezuela se retiró en 2006.

---

[18]   *G.O.* N° 4.451 Extra de 5-8-92.

[19]   Véase *G.O.* N° 4.676 Extra de 18-1-94. La decisión N° 313, además, había sido reglamentada por Decreto N° 2.887 de 15-4-93, *G.O.* N° 35.226 de 4-6-93.

III. LA CARENCIA DE BASES CONSTITUCIONALES PARA EL INICIO DEL PROCESO DE INTEGRACIÓN ANDINA, LA EXCEPCIÓN DE COLOMBIA Y LAS DISCUSIONES ANTE LAS JURISDICCIONES CONSTITUCIONALES

Dicho proceso de integración económica del Pacto Andino, sin embargo, en sus inicios no estuvo soportado por bases constitucionales sólidas en los respectivos Estados Miembros, con la sola excepción de Colombia, país en el cual en la víspera de la suscripción del Acuerdo de Cartagena, se le dio fundamento constitucional mediante una reforma constitucional sancionada en 1968, al incorporar al artículo 76,18 relativo a las atribuciones del Congreso que ejerce mediante Leyes, lo siguiente:

"*Ord. 18*: Aprobar o inaprobar los tratados o convenios que el gobierno celebre con otros Estados o con entidades de derecho internacional.

Por medio de tratados o convenios aprobados por el Congreso, podrá el Estado obligarse para que sobre bases de igualdad y reciprocidad, sean creadas *instituciones supranacionales* que tengan por objeto promover o consolidar la integración económica de los Estados."

Este artículo posteriormente se recogió en el artículo 150.16 de la Constitución de Colombia de 1991 que atribuye al Congreso:

"Aprobar o inaprobar los tratados que el Gobierno celebre con otros Estados o con entidades de derecho internacional.

Por medio de dichos tratados podrá el Estado, sobre bases de equidad, reciprocidad y conveniencia nacional, *transferir parcialmente determinadas atribuciones a organismos supranacionales*, que tengan por objeto promover o consolidar la integración económica con otros Estados.

Además, el artículo 227 de la Constitución, dispone:

"*Artículo 227.* El Estado promoverá la integración económica, social y política con las demás naciones y especialmente, con los países de América Latina y del Caribe mediante la celebración de tratados que sobre bases de equidad, igualdad y reciprocidad, creen *organismos supranacionales*, incluso para conformar una comunidad latinoamericana de naciones. La ley podrá establecer elecciones directas para la Constitución del Parlamento Andino y del Parlamento Latinoamericano."

En contraste con estas precisas normas constitucionales colombianas, ninguno de los otros Estados signatarios
del Acuerdo de Cartagena (Bolivia, Chile, Ecuador, Perú y
Venezuela), cuando el mismo se firmó, habían resuelto en
sus Constituciones las exigencias que plantaba un proceso
de integración; y en el caso de Venezuela —Estado que si
bien no se incorporó al Acuerdo en 1968 sino en 1973— en
la Constitución de 1961 sólo se establecía una cláusula de
principio respecto de la integración, que estaba contenida
en el artículo 108, que disponía:

"*Artículo 108.* La República *favorecerá* la integración
económica latinoamericana. A este fin procurará coordinar
recursos y esfuerzos para fomentar el desarrollo económico y aumentar el bienestar y seguridad comunes".

Esta norma, que había sido redactada cuando ni siquiera en Europa estaba clara la idea de supranacionalidad
y del derecho comunitario (1960), pues recién en 1958 se
habían suscrito los Tratados de Roma, sólo podía ser lo que
era, una norma de principio y de aspiración, que en la Exposición de Motivos de la Constitución se explicó así:

"La formulación de una hermosa y sentida aspiración
hacia la integración económica latinoamericana, mediante
la coordinación de recursos y esfuerzos dirigidos a fomentar el desarrollo económico y aumentar el bienestar y la
seguridad comunes."

La aspiración a la integración económica que preveía
la norma —y no podía ser de otro modo al momento de

redactársela— debía lograrse mediante la coordinación de recursos y esfuerzos entre los países, principio que no daba fundamento alguno para deducir de ello posibilidad constitucional de transferencia, cesión o delegación de poderes constitucionales de las Cámaras Legislativas, por ejemplo, en materia de legislación que le estaba constitucionalmente reservada (por ejemplo, artículos 136.24, 139 y 162), a organizaciones supranacionales, cuyo concepto, incluso, en 1961 era desconocido en Europa.

A pesar de estas deficiencias y de la falta de respaldo constitucional, sin embargo, el Acuerdo de Cartagena, con excepción de Chile, fue aprobado en todos los países mediante Leyes aprobatorias o actos ejecutivos con igual valor que las Leyes. En Chile, en cambio, el camino fácil de incorporación del Acuerdo al derecho interno por la sola ratificación ejecutiva, dado el supuesto "carácter derivativo" del Acuerdo de Integración Subregional Andino respecto del Tratado de Montevideo de la ALALC, provocó que, en 1974, también por Decreto ejecutivo, Chile se separara definitivamente del Grupo Andino.

Ahora bien, en Colombia, país donde se había reformado la Constitución para asegurar con bases sólidas, la incorporación a un proceso de integración, la Ley 8ª de 21 de marzo de 1973 que aprobó el Acuerdo de Cartagena, no obstante estableció, en su artículo 2, lo siguiente:

> "*Artículo 2.* El Gobierno Nacional podrá poner en vigencia las decisiones de la Comisión y de la Junta del Acuerdo Sub-regional Andina, *siempre que no modifiquen la legislación o no sean materia del Legislador.*
>
> En cambio, tales decisiones, para su aprobación y entrada en vigencia, deberán ser sometidas al Congreso por el Gobierno, *cuando sean materias de la competencia del Legislador o modifiquen la legislación* existente o cuando el gobierno no haya sido investido de facultades legales anteriores".

En esta forma, en la ley colombiana aprobatoria del Acuerdo de Cartagena, sin tener en cuenta la novedosa norma constitucional que se había incorporado al Texto en

1968, se negó la aplicación inmediata del derecho comunitario en el orden interno, reservándose al legislador la aprobación de todas y cada una de las decisiones de la Comisión del Acuerdo de Cartagena que se refirieran a materias de la competencia del Congreso o que modificaren la legislación existente [20]

El legislador colombiano, así, a pesar de la autorización constitucional, rechazaba toda idea de transferencia de poderes legislativos a la Comisión del Acuerdo y de aplicación inmediata de las decisiones comunitarias en el orden interno.

En Colombia, como en Venezuela, desde el siglo XIX existe un control concentrado de la constitucionalidad de las leyes —en paralelo al control difuso— que se ejerce mediante una acción popular (atribuido desde 1992 a la Corte Constitucional), que hasta ese momento le correspondía conocer a la Corte Suprema de Justicia en la cual, incluso, se había creado una Sala Constitucional, como luego ocurrió en Venezuela en 1999.

En tal virtud, el mencionado artículo 2 de la Ley colombiana aprobatoria del Acuerdo de Cartagena fue impugnado mediante una acción de inconstitucionalidad, al considerarse que vulneraba el artículo 76.18 de la Constitución, que autorizaba lo contrario. La Corte Suprema de Justicia de Colombia, mediante sentencia de 27-2-75, anuló el artículo impugnado, reconociendo la existencia en el orden constitucional de la posibilidad de un traslado de competencias a los órganos comunitarios, lo que significaba una "pérdida de potestades legislativas" del Congreso, "figura cuya inserción en los órdenes internos ha requerido de una reforma constitucional" (la de 1968) contenida precisamente en el artículo 76, ordinal 18 de la Constitución.

---

[20]   Véase Jaime Vidal Perdomo, "Aspectos jurídicos de la aprobación del Acuerdo de Cartagena", *Revista de la Cámara de Comercio de Bogotá*, Nº 11, junio 1993, p. 35 a 39.

Por ello, señaló la Corte:

"Después de la reforma no cabe discusión sobre la capacidad de que pueden gozar ciertas organizaciones internacionales para legislar, con efectos en Colombia, sobre asuntos de su competencia, en los términos que la Constitución establece."

Con base en ello, la Corte Suprema anuló el artículo 2º de la Ley Aprobatoria del Acuerdo de Cartagena, al considerar que infringía la Constitución, "cuando establece presupuestos a una aptitud del Gobierno que la Carta no ha condicionado", lo que daba origen a una "notoria" contrariedad entre la disposición legislativa y el ordenamiento constitucional[21].

En esta forma, el problema constitucional de la integración quedó resuelto en Colombia, de manera que incluso la Corte Suprema de Justicia, en la aplicación posterior del derecho comunitario andino, se pronunció sobre ello estableciendo, por ejemplo, en sentencia de 1 de septiembre de 1988, que:

"...dado el carácter preeminente del derecho comunitario, autorizado por nuestra Constitución, una norma legal doméstica anterior contraria a una de derecho de la integración ha de entenderse derogada, según la operancia de este fenómeno en el derecho colombiano, o *suspendida o desplazada como acostumbra a decirse en aquel derecho*; y una posterior debe tenerse como inconstitucional, no tanto por la fuerza que tenga o el respeto que merezcan los tratados constitutivos o iniciales que constituyen temas controvertibles, sino porque la competencia para regular esas materias, como atributo de la soberanía nacional, ha pasado de las autoridades internas a las comunitarias y esto se ha hecho con fundamento en preceptiva específica de la Carta Política.

---

[21]   Consultada en copia del original.

*Hay, indudablemente, una limitación y una transferencia de po-
testades de los poderes nacionales a favor de los organismos supranacionales que así, por traslado o cesión, ganan la respectiva
competencia."*[22]

En el caso de Venezuela, como se dijo, la Constitución de 1961 sólo contenía la cláusula de principio del artículo 108 que declaraba que la República debía favorecer
la integración económica latinoamericana, lo que en todo
caso marcó el largo camino constitucional hacia la integración que se desarrolló posteriormente, hasta que se aban-
donó precisamente con el ingreso a MERCOSUR, como lo
observa Suárez en su excelente libro.[23] Por ello, la discusión
constitucional se planteó en idénticos términos que en Colombia, pero a falta de un texto constitucional terminante
como el colombiano, el resultado, después de ejercida una
acción de inconstitucionalidad contra la Ley Aprobatoria
del Acuerdo de Cartagena, fue radicalmente opuesta a la
solución colombiana.

En efecto, en la Ley Aprobatoria de 1973 del Acuerdo
de Cartagena y de las Decisiones más importantes de la
Comisión del Acuerdo[24], que incidían en materias legislativas internas, como la relativa a las inversiones extranjeras,
el Congreso —en la misma orientación de la norma de la
Ley Aprobatoria de Colombia anulada por la Corte Suprema de Justicia de ese país—, agregó una *declaración interpretativa*, mediante la cual indicó el sentido preciso que atri-
buyó a las disposiciones del Acuerdo, con el siguiente texto:

---

[22] Véase en Galo Pico Mantilla, *Derecho Andino*, 2ª Edición,
Quito 1992, p. 66 y 67.

[23] Véase Allan R. Brewer-Carías, "El largo camino para la consolidación de las bases constitucionales de la Integración
Regional Andina y su abandono por el régimen autoritario
de Venezuela", en André Saddy (Coord.), *Direito Público
Econômico Supranacional*, Rio de Janeiro: Lumen Juris Edito-
ra, 2009, pp. 319-351. En este Prólogo seguimos en buena
parte lo expuesto en este trabajo.

[24] Véase en *Gaceta Oficial* Nº 1.620 Extra. de 1-11-73.

"*Parágrafo Primero*: Las decisiones de la Comisión del Acuerdo que modifiquen la legislación Venezolana o sean materia de la competencia del Poder Legislativo, requieren la aprobación mediante Ley del Congreso de la República."

Tal como lo explicó detalladamente la Exposición de Motivos de la Ley Aprobatoria del Acuerdo de Cartagena de 1973, la inclusión del parágrafo segundo del artículo Único de la Ley Aprobatoria obedeció al hecho de que:

"algunas de las Decisiones de la Comisión tienen carácter normativo y contenido general y que las mismas al incorporarse al derecho interno de los países, constituyen normas de rango legal y son, por tanto, de obligatoria observancia por todos los ciudadanos y los órganos del Poder Público. Otras, por el contrario, no tienen tal carácter y, por tanto, se limitan a uniformar políticas o criterios a nivel administrativo, entre los Gobiernos de los países miembros".

Por ello, la misma Exposición de Motivos planteó la cuestión constitucional derivada de la aprobación pura y simple del Tratado, al señalar:

"Esto plantea, necesariamente, el problema de la validez inmediata de los actos comunitarios ya que, si bien se trata de actos previstos en el Acuerdo mismo, y, por tanto autorizados por el Poder Legislativo al menos en principio, cuando se produce la ratificación del Tratado, *no cabe duda de que en el Sistema Constitucional Venezolano la facultad de legislar compete al Poder Legislativo y, en consecuencia, resulta procedente que el Congreso de la República ratifique aquellas Decisiones que contengan normas referentes a las materias que la Constitución define como constitutivas de la "Reserva Legal", colinden o no con disposiciones del Derecho Interno*".

Al igual que sucedió en Colombia, esta norma fue impugnada por medio de una acción de inconstitucionalidad por ante la Corte Suprema de Justicia, la cual en sentencia de 10 de julio de 1990 —y contrariamente a lo que había sucedido en Colombia quince años antes— declaró sin lugar la acción de inconstitucionalidad al considerar la aplicabilidad del artículo 128 de la Constitución de 1961, la inaplicabilidad de las excepciones de dicha norma en relación con las Decisiones de la Comisión del Acuerdo de Cartagena, y que la norma no violaba la Constitución, decidiendo lo siguiente:

"3°) La necesidad de esa aprobación, comporta —acorde al mismo artículo 128— *excepciones:* que el convenio trata de "ejecutar o perfeccionar obligaciones preexistentes de la República, de aplicar principios reconocidos por ella, de ejecutar actos ordinarios en las relaciones internacionales o de ejercer facultades que la Ley atribuye al Ejecutivo".

Ahora bien, considera la Corte que, en el caso, *no ocurren esas claras excepciones* a la regla de la aprobación; en efecto:

a) Al aprobar el Poder Legislativo el Pacto que prevé la Comisión con facultad para dictar Decisiones, en el acto mismo de su aprobación se dejaron a salvo la vigencia y obligatoriedad de aquellas que modifiquen en la legislación nacional o que sean materia de la *competencia del Poder Legislativo.* Entonces, lejos de contener una obligación preexistente, el propio acto legislativo hizo la salvedad del caso. Distinto habría sido la salvedad en Ley posterior que modificara el Tratado.

b) Lejos de reconocerse principios aceptados por la República, el acto hizo la advertencia respecto de ciertas Decisiones de la Comisión del Acuerdo.

c) No puede afirmarse que *dar validez absoluta y plena a esas Decisiones signifique ejecución de actos ordinarios,* porque éstos son simplemente los que sirven para cumplir, sin necesidad de requisitos, los convenios ya aprobados, que, pues, no tienen una trascendencia normativa como para convertirse en reglas obligatorias para los habitantes de Venezuela, y por ello la salvedad que se hizo en la Ley aprobatoria estuvo destinada, precisamente, a impedir la fuerza automática de algunas Decisiones, por lo que es imposible encontrar en éstas carácter rutinario o intrascendente; y

d) Desde luego que la salvedad no invade la competencia del Ejecutivo en materia de Tratados, pues, al contrario, la reserva es sólo para los actos de la Comisión que puede modificar la ley interna de Venezuela o correspondan a materias que en nuestro país son de la reserva legal; esto es, en modo alguno se invade el ámbito de atribuciones del Poder Ejecutivo Nacional en materia de relaciones internacionales.

Efectivamente, la Comisión —y la Junta— se creó para cumplir el Pacto, pero si dentro de la propia Ley aprobatoria se consignó la salvedad, de esa manera fue formulada tal Ley y se promulgó con la excepción, el Ejecutivo celebra el Tratado, pero, en ejercicio de su facultad constitucional de aprobación, el Congreso *puede incorporar limitaciones que no menoscaben ni invadan atribuciones de aquél, y en el caso la salvedad se contrajo, justamente, a las modificaciones de leyes internas (que es potestad del Congreso acorde al artículo 177) o actos de la Comisión que, en Venezuela, tienen el carácter de "reserva legal", esto es, que solamente pueden ser dictados por el Poder Legislativo venezolano.* Por eso, la salvedad es parte integrante de la aprobación y en esas condiciones quedó debe ser cumplida, porque el Congreso lo que hizo fue *dejar constancia de que actos de su competencia interna no están sometidos a la determinación de la Comisión del Acuerdo, convirtiéndolo en organismo supranacional de índole legislativa.*

No puede verse en las Decisiones de la Comisión actos de simple ejecución del Tratado, porque nuestro Congreso no lo quiso así al ejercer la atribución constitucional, recordando que en lo interno sólo él tiene la potestad legislativa. Nuestro Congreso no aceptó delegar su competencia en la Comisión, y esa determinación no vulnera la Constitución, sino que, por lo contrario, tiene la trascendencia del acto soberano del órgano encargado de dictar leyes y de derogarlas, modificarlas o reformarlas, así como de ejercer, exclusivamente, los actos que por la Constitución, ameritan de una Ley. El Tratado fue aprobado en esas especiales condiciones y si ello trae como consecuencia situaciones difíciles, *la Corte no puede, pasando por la voluntad del Congreso que no ha contrariado el texto constitucional, dejar sin efecto una norma dictada en ejercicio de la potestad legislativa de ese órgano nacional.*

En conclusión, juzga la Corte que en la norma impugnada no se incurrió en violaciones de la Constitución venezolana, por lo cual la nulidad no procede.[25]

En consecuencia, conforme a esta sentencia, las Decisiones de la Comisión del Acuerdo de Cartagena que modificaran la legislación nacional o incidieran en materias reservadas al legislador, debieron ser aprobadas por Ley para que pudieran entrar en aplicación en Venezuela.

Para declarar sin lugar la demanda de nulidad, la Corte Suprema afirmó dos principios fundamentales relativos a las relaciones del derecho internacional con el derecho interno en el ámbito de la integración andina:

En *primer lugar,* que las Decisiones de los órganos del Acuerdo de Cartagena, -posteriormente: Comunidad Andina-, no se podían considerar como actos ordinarios en las relaciones internacionales a los cuales se podrían aplicar las excepciones que establecía el artículo 128 de la Constitución en cuanto a la exigencia de su aprobación por Ley especial.

En segundo lugar, que en Venezuela existían materias constitucionalmente reservadas, en cuanto a su regula-

---

[25] Véase en *Revista de Derecho Público,* N° 44, Editorial Jurídica Venezolana, Caracas 1990, p. 100. Véase sobre esta sentencia: Jorge Luis Suárez Mejías, "Los principios rectores del Derecho Comunitario europeo en el Acuerdo de Cartagena", en *Revista de la Facultad de Ciencias Jurídicas y Políticas,* N° 100, Universidad Central de Venezuela, Caracas 1999; y "La relación del Derecho Comunitario con los derechos nacionales: diez años después (caso LAVE)", *Derecho Administrativo Iberoamericano. Libro Homenaje a los 25 Años de la Especialización en Derecho Administrativo de la UCAB,* Tomo II, Editorial Paredes, Caracas 2007. Véase también: José Guillermo Andueza, "Fundamentos Constitucionales de la Integración", en *II Jornadas Colombo Venezolanas de Derecho Público,* Universidad Externado de Colombia, Bogotá, 1996.

ción, al Congreso, es decir que, "tienen el carácter de "reserva legal", esto es, que solamente pueden ser dictados por el Poder Legislativo venezolano."

En esta forma por decisión del órgano judicial que tenía a su cargo el control concentrado de la constitucionalidad de las leyes, la exigencia fundamental del proceso de integración, había quedado entrabada.[26]

Debe señalarse que antes de la sentencia de la Corte Suprema de Justicia, en 1983, el Congreso había sancionado la Ley Aprobatoria del Tratado que crea el Tribunal de Justicia del Acuerdo de Cartagena[27], en la cual, en igual forma que la declaración interpretativa de la Ley Aprobatoria del Acuerdo, incorporó un artículo con el siguiente texto:

> "*Artículo 2.* Las decisiones de la Comisión *que modifiquen la legislación venezolana, o sean materia de la competencia del Poder Legislativo, requieren la aprobación, mediante Ley del Congreso de la República*".

De acuerdo con estas normas legales, en consecuencia, fue práctica regular en Venezuela, hasta 1992, que todas las decisiones de la Comisión del Acuerdo de Cartagena que se refirieran a materias legislativas, fueron aprobadas por Ley del Congreso; y las que no fueron aprobadas por ley, como las decisiones sobre propiedad industrial (Decisiones 85 y 311), no tuvieron aplicación en el país.

---

[26]. Véase las referencias en Allan R. Brewer-Carías, "El control de la constitucionalidad de las leyes aprobatorias de Tratados Internacionales y la cuestión constitucional de la integración latinoamericana", *Revista de Derecho Público*, N° 44, Caracas 1990, p. 225-229.

[27]. Véase en *Gaceta Oficial* N° 3.216 Extraordinario de 7-7-1983. Véase los comentarios sobre ese texto en Allan R. Brewer-Carías, "La proyectada creación del Tribunal del Acuerdo de Cartagena y la cuestión constitucional en el proceso de integración económica latinoamericana" en *Primeras Jornadas Nacionales de Derecho Comparado D. Roberto Goldschmidt*, Caracas 1978, Maracaibo 1979, p. 148-197.

Sin embargo, el propio Tratado de creación del Tribunal de Justicia del Acuerdo de Cartagena establecía en su artículo 2 que "Las Decisiones obligan a los Países Miembros desde la fecha en que sean aprobados por la Comisión".

Esta norma, precisamente contraria a lo previsto en el artículo 2° de la Ley Aprobatoria del propio Tratado, se interpretó en el sentido de que la aplicación inmediata de las decisiones de la Comisión sólo se refería a aquellas que no tuvieran por objeto materias de la competencia del legislador nacional venezolano. Así sucedió, como se dijo, hasta 1992, de manera que todas las decisiones de la Comisión que incidían en la legislación, o fueron aprobadas por Ley en cada caso, o no tuvieron aplicación en Venezuela.

La situación, sin embargo, cambió radicalmente en Venezuela a partir de 1992, por las exigencias prácticas del proceso de integración. En efecto, a partir de la *Gaceta Oficial* N° 4284 de 28 de junio de 1992, el Ejecutivo Nacional comenzó a publicar en la misma, sin aprobación legislativa y sin ningún acto estatal o nota alguna siquiera que razonara o justificara la publicación, las Decisiones de la Comisión del Acuerdo que incidían sobre cuestiones legislativas, como sucedió con la Decisión 282 sobre Normas Antidumping; la Decisión 284 sobre Normas restrictivas a las exportaciones; la Decisión 285 sobre Normas restrictivas de la Libre Competencia; la Decisión 291 sobre Régimen de Capitales Extranjeros; la Decisión 292 sobre Empresas Multilaterales; la Decisión 313 sobre Régimen Común de Propiedad Industrial y su reforma, la Decisión 344 publicada en 1994, y que modificó la Ley de Propiedad Industrial de 1955; y la Decisión 351, sobre Régimen Común de Derecho de Autor y derechos conexos, que a su vez modificó la Ley sobre Derecho de Autor.

El Ejecutivo Nacional, incluso, reglamentó algunas de estas Decisiones, como sucedió con el Reglamento de la

Ley sobre Derecho de Autor y de la Decisión N° 351 de la Comisión del Acuerdo de Cartagena[28] e, incluso, la Corte Suprema de Justicia, aplicó en sus sentencias el texto de algunas de esas Decisiones, como la Decisión 313 sobre Régimen Común de Propiedad Industrial.[29]

En esta forma, sin expresa previsión constitucional alguna y durante algún tiempo, incluso en forma manifiestamente contraria a lo establecido en las Leyes Aprobatorias de los dos instrumentos más importantes del proceso de integración andina, el Acuerdo de Cartagena y el Tratado que creó el Tribunal de Justicia del Acuerdo, Venezuela pretendió avanzar en el proceso de integración, sobre la base de interpretaciones, sin bases constitucionales sólidas.

En todo caso, debe mencionarse que la declaración interpretativa antes mencionada que incorporó el Congreso en la Ley Aprobatoria del Acuerdo de Cartagena de 1973, se eliminó en la Ley Aprobatoria del Protocolo Modificatorio del Acuerdo de Integración Subregional Andino (Acuerdo de Cartagena) del 10 de marzo de 1996[30] (Protocolo de Trujillo); y en igual sentido, dicha cláusula interpretativa, que se había incorporado en la Ley Aprobatoria del Tratado que crea el Tribunal Andino de Justicia de 1983, también se eliminó en la Ley Aprobatoria del Protocolo Modificatorio del Tratado de Creación del Tribunal de Justicia del Acuerdo de Cartagena de 28-5-96[31].

Esta no inclusión de la mencionada declaración, por supuesto, no tenía efecto alguno, pues la cláusula del mencionado Parágrafo Segundo del artículo Único de la Ley

---

[28]   Decreto N° 618 de 11-4-95, en *Gaceta Oficial* N° 4891 Extraordinaria de 26-04-95.

[29]   Caso *Nintendo*, Corte Suprema de Justicia, Sala Política Administrativa de 03-08-1995.

[30]   *Gaceta Oficial* N° 36116 de 30-12-96.

[31]   *Gaceta Oficial* N° 5187 Extraordinaria de 5-12-97.

Aprobatoria de 1973, *continuó vigente,* pues los Protocolos Modificatorios posteriores a la Ley de 1973, como el Protocolo Modificatorio del Acuerdo de Integración Andina de 1996, fueron reformas parciales, en este último caso, destinada a sustituir el Capítulo II del Acuerdo relativo a "la Comunidad Andina y al Sistema Andino de Integración" agregando varios artículos, pero dejando el resto del Acuerdo tal como fue aprobado por la Ley Aprobatoria de 1973 y sus modificaciones parciales posteriores, *la cual continuó vigente junto con su Parágrafo Segundo del artículo Único,* que la antigua Corte Suprema encontró ajustado a la Constitución.

En todo caso, la razón constitucional por la cual se había incorporado la referida declaración interpretativa en las Leyes aprobatorias de dichos Tratados de 1973 y 1983, respectivamente, siguieron siendo las mismas, ya que la Constitución de 1961 sólo fue modificada para subsanar las exigencias constitucionales de la integración andina en 1999, por lo que la no inclusión de la declaración en las leyes aprobatorias de los Protocolos modificatorias de los Tratados, no cambió en nada la situación constitucional que derivaba de la no previsión, en el Texto Fundamental de 1961, de norma alguna que autorizase la transferencia de competencias que se atribuían al Legislador, a los órganos de la Comunidad Andina. Ello, incluso, fue así, por disposición expresa del Acuerdo de Cartagena, por ejemplo, en materia de Propiedad Industrial, cuyo régimen común, conforme al artículo 52 de la Codificación del Acuerdo de Cartagena[32], la Secretaría General *debía someter a la consideración* de los países miembros, por supuesto, para que estos lo adoptasen, pues de acuerdo a dicha norma, estos se "comprometen a adoptar las providencias que fueren necesarias para poner en práctica" ese régimen común. Ello, por tanto, excluía cualquier aplicación directa de decisiones de la Comisión en esa materia, en los Estados miembros.

---

[32] Decisión N° 406 de 25-6-97, *Gaceta Oficial del Acuerdo de Cartagena* N° 273, Lima 4-7-97.

De acuerdo con el artículo 128 de la Constitución de 1961, que adoptó el modelo dualista,

> *"Artículo 128.*- Los tratados o convenios internacionales que celebre el Ejecutivo Nacional deberán ser *aprobados mediante ley especial* para que tengan validez, salvo que mediante ellos se trate de ejecutar o perfeccionar obligaciones preexistentes de la República, de aplicar principios expresamente reconocidos por ella, de ejecutar actos ordinarios en las relaciones internacionales o de ejercer facultades que la ley atribuya expresamente al Ejecutivo Nacional. Sin embargo, la Comisión Delegada del Congreso podrá autorizar la ejecución provisional de tratados o convenios internacionales cuya urgencia así lo requiera, los cuales serán sometidos, en todo caso, a la posterior aprobación o improbación del Congreso.

> En todo caso, el Ejecutivo Nacional dará cuenta al Congreso, en sus próximas sesiones, de todos los acuerdos jurídicos internacionales que celebre, con indicación precisa de su carácter y contenido, estén o no sujetos a su aprobación."

Por tanto, puede decirse que el artículo 2 del Tratado de Creación del Tribunal de Justicia de la Comunidad Andina de 1997 estaba en abierta contradicción con dicha norma, al establecer en los artículos 2 y 3 que:

> *"Artículo 2.*- Las Decisiones obligan a los Países Miembros desde la fecha en que sean aprobadas por el Consejo Andino de Ministros de Relaciones Exteriores o por la Comisión de la Comunidad Andina.

> *Artículo 3.*- Las Decisiones del Consejo Andino de Ministros de Relaciones Exteriores o de la Comisión y las Resoluciones de la Secretaría General *serán directamente aplicables en los Países Miembros a partir de la fecha de su publicación en la Gaceta Oficial del Acuerdo*, a menos que las mismas señalen una fecha posterior.

> Cuando su texto así lo dispongan las Decisiones requerirán de incorporación al derecho interno, mediante acto expreso en el cual se indicará la fecha de su entrada en vigor en cada País Miembro.

Mediante esta norma se pretendieron transferir, ceder o delegar a los órganos de la Comisión Andina (Consejo Andino de Ministros de Relaciones Exteriores y Comisión de la Comunidad Andina) competencias legislativas que conforme a los artículos 136.24, 139 y 162 de la Constitución de 1961, correspondían ser ejercidas exclusivamente por las Cámaras Legislativas; autorizándose, en consecuencia, sin respaldo constitucional alguno a dichos órganos de la Comunidad Andina, a dictar Decisiones en materias de la reserva legal del Congreso y, que sin ser leyes de la República, modificaban leyes de la misma, en violación de lo establecido en el artículo 177 de dicha Constitución, y que se pretendió que entraran en aplicación en Venezuela sin su debida incorporación al derecho interno, conforme al artículo 128 de la Constitución de 1961, que también se violó; todo lo cual evidenciaba que para la mencionada Ratificación no cumplieron "los requisitos constitucionales y legales por parte de la República".

La Constitución de Venezuela de 1961, ni en su artículo 108, ni en su artículo 128, ni en ninguna otra de sus normas, autorizaba al Congreso ni al Presidente de la República a transferir por una Ley Aprobatoria de un Tratado ni por el acto de su ratificación, competencias atribuidas por los artículos 136.24, 139 y 162 de la Constitución exclusivamente a las Cámaras Legislativas actuando como cuerpos colegisladores, a órgano alguno de carácter internacional o supranacional, para que estos regulasen directamente y con efectos inmediatos, sin la aprobación legislativa exigida en el artículo 128 de la Constitución, materias de la reserva legal de las Cámaras Legislativas, como sucedió, por ejemplo, con la Decisión N° 344 de la Comisión del Acuerdo de Cartagena, sobre Régimen Común sobre Propiedad Industrial, de fecha 21 de octubre de 1993, y que fue publicada en la *Gaceta Oficial* de la República de Venezuela N° 4676 Extraordinario de 18 de enero de 1994, en un acápite denominado "Junta del Acuerdo de Cartagena." Dicha Decisión, sin embargo, estuvo en aplicación fáctica en el país y derogó parcialmente la Ley de Propiedad Industrial de 1955, la cual sin embargo estaba vigente, pues sólo el Congreso estaba habilitado constitucionalmente conforme al artículo 177 de la Constitución, para derogarla por otra ley dictada conforme al artículo 162 del mismo Texto Fundamental.

En igual sentido, la Decisión Nº 418 de la Comunidad Andina de 30 de julio de 1997 sobre Expedición de Registro o Inscripción Sanitaria, que entró en vigencia el 1º de enero de 1998, la cual ni siquiera se publicó en la *Gaceta Oficial* de Venezuela, al establecer el silencio positivo en los procedimientos de registros sanitarios, modificó la Ley Orgánica de Procedimientos Administrativos, lo cual no podía hacerse sino mediante otra Ley Orgánica dictada por las Cámaras Legislativas.

Esta era la situación en la víspera del proceso de reforma constitucional que se inició en Venezuela en 1999 mediante la convocatoria y elección de una Asamblea Nacional Constituyente, lo que fue una ocasión propicia para resolver la cuestión constitucional de la integración.

IV. LA CUESTIÓN CONSTITUCIONAL PENDIENTE Y LA PROPUESTA PARA ESTABLECER LAS BASES CONSTITUCIONALES PARA LA INTEGRACIÓN REGIONAL QUE SE ACOGIÓ EN LA CONSTITUCIÓN DE 1999

De acuerdo con el conjunto de actos normativos reguladores de una Comunidad Andina, el artículo 3 del Protocolo Modificatorio del Tratado de Creación del Tribunal de Justicia del Acuerdo de Cartagena, sin duda, constituye una pieza esencial dentro del proceso de integración regional, que tiene por objeto asegurar los poderes de los órganos supranacionales del Acuerdo de Cartagena (Consejo Andino de Ministros de Relaciones Exteriores y Comisión de la Comunidad Andina) en la regulación de las materias de su competencia (independientemente de que puedan constituir materias de reserva legal en cada Estado

Miembro), y que las *Decisiones* que dicten (así sean en las mismas materias que en los Estados Miembros corresponden ser reguladas por Ley de los órganos legislativos), deben tener no sólo aplicación directa e inmediata en los Estados Miembros, sin ningún requisito de incorporación al derecho interno (salvo que la misma Decisión, en su texto, así lo disponga) sino, consecuencialmente, primacía o prelación en cuanto a las leyes que formen el derecho interno de los Estados Miembros.

Esta concepción que deriva del Protocolo Modificatorio del Tratado de Creación del Tribunal de Justicia del Acuerdo de Cartagena, sin duda, respondió al más clásico de los principios de la integración regional comunitaria que derivaban de los más de cincuenta años de experiencia del proceso europeo. En ningún otro continente del mundo se ha desarrollado ni se desarrolla un proceso de integración fundado en los principios de supranacionalidad y derecho comunitario, salvo en Europa, con las Comunidades Europeas y la Unión Europea, y en América Latina, con la experiencia del Acuerdo de Cartagena y de la Comunidad Andina. Por tanto, los principios que debían regir el proceso andino no tenían otra fuente de inspiración conceptual y jurídica que los derivados del proceso europeo, los cuales se elaboraron, más que por nuevas concepciones del derecho internacional aplicado a la integración, gracias a los aportes del derecho constitucional originados en los aportes de las Constituciones de cada uno de los países de la Unión Europea.

Incluso, a pesar de las precarias bases constitucionales del proceso de integración andino, el Tribunal de Justicia del Acuerdo de Cartagena, en diversas decisiones, tocó y decidió sobre los aspectos fundamentales de las exigencias constitucionales del proceso de integración. Por ejemplo, en sentencia de 10-06-87 (caso: *Nulidad Decisión 252 de la Junta*), se refirió al proceso de la integración en el Pacto Andino, como:

"una manifestación de la soberanía conjunta y compartida de los Países Miembros, por lo que no puede ser desconocido y tampoco alterado por ninguno de ellos, mucho menos por sus órganos de gobierno...Todo proceso de integración consiste, fundamentalmente en superar los límites nacionales de los países que intentan integrarse para lograr el surgimiento de una unidad mayor que funcione como tal, en conjunto."[33]

En otra sentencia de la misma fecha 10-6-87 (caso: *Nulidad de la Decisión 253 de la Junta*), el Tribunal señaló que:

"el ordenamiento jurídico del Acuerdo de Cartagena es *imperativo, de aplicación obligatoria,* en todos los Países Miembros y que debe ser respetado y cumplido por todos ellos y por supuesto por los Órganos del Acuerdo, lo mismo que por todos los organismos y funcionarios que ejercen atribuciones conforme a dicho ordenamiento, el cual regula el proceso de la integración que se cumple en una *comunidad de derecho* cual es la constituida en el Pacto Andino".[34]

En el mismo año, en una decisión del 3 de diciembre de 1987 dictada con motivo de la interpretación de la Decisión 85 de la Comisión del Acuerdo, al constatar que con la creación del Tribunal de Justicia del Acuerdo los Estados miembros "han delegado en el órgano judicial comunitario" la interpretación de las normas comunitarias, señaló que era:

"necesario puntualizar que el ordenamiento jurídico de la integración andina prevalece en su aplicación sobre las normas internacionales o nacionales, por ser *característica esencial del Derecho Comunitario,* como requisito básico para la construcción integracionista"[35].

---

[33] Véase en Galo Pico Mantilla, *op. cit.,* p. 58.

[34] *Idem,* p. 59.

[35] *Idem,* p. 60.

Así lo reconoció, por otra parte, la Comisión del Acuerdo de Cartagena, en su XXIX período de sesiones de 1980, al declarar que:

"a) el ordenamiento jurídico del Acuerdo de Cartagena tienen identidad y autonomía propia, constituye un derecho común y forma parte de los ordenamiento jurídicos nacionales; b) el ordenamiento jurídico del Acuerdo prevalece, en el marco de sus competencias, sobre las normas nacionales sin que puedan oponerse a él medidas o actos unilaterales de los Países Miembros; c) las Decisiones que impliquen obligaciones para los Países Miembros entran en vigor en la fecha que indiquen o, en caso contrario, en la fecha del Acta Final de la reunión respectiva, de conformidad con el Artículo 21 del Reglamento de la Comisión. En consecuencia, dichas Decisiones adquieren fuerza vinculante y son de exigible cumplimiento a partir de la fecha de su vigencia."

Por su parte, en el Acta de Caracas de mayo de 1991 suscrita por los Presidentes de Bolivia, Colombia, Ecuador, Perú y Venezuela con ocasión del Quinto Consejo Presidencial Andino, se declaró expresamente en relación a los aspectos institucionales y al cumplimiento del ordenamiento jurídico andino, la voluntad de:

"a) Reiterar el principio de la aplicación directa de las Decisiones de la Comisión del Acuerdo de Cartagena, según se establece en el Artículo 3º del Tratado de Creación del Tribunal de Justicia, e instruir a las autoridades nacionales para que las apliquen sin restricciones y promuevan su difusión. "

Por ello, en el Protocolo Modificatorio del Tratado que creó al Tribunal de Justicia de la Comunidad Andina, en su artículo 2º se reiteró este principio, como antes se ha señalado.

En esta forma, indudablemente, en el área andina la integración llevó siempre dos ritmos: uno voluntarista, de compromiso con la integración básicamente a cargo de órganos Ejecutivos de los Estados Miembros; otro, absolutamente escéptico en relación al proceso, a cargo de los órganos Legislativos de los Estados Miembros, apoyados en la ausencia de soluciones constitucionales adecuadas para cumplir con las exigencias de la integración. Con este doble ritmo, sin duda, no podía avanzarse seriamente en el proceso. Ese era, desde el punto de vista institucional, el problema de la integración andina, a lo que se sumaba la inexistencia de fundamento constitucional en los Estados miembros (con la excepción de Colombia) para todos los propósitos y principios de la integración regional.

En contraste, en Europa, en la mayoría de cuyos países se seguía el criterio dualista en relación al derecho internacional público —que dicho sea de paso no es nada clásico ni obsoleto—, no habría sido posible la construcción de la doctrina de la supranacionalidad si no hubiese sido porque las Constituciones autorizaron expresamente a los órganos constitucionales internos, la posibilidad de transferir competencias constitucionales y porciones de su soberanía —concepto que tampoco es obsoleto, sino muy actual, como lo expresaron hace algunos años el Tribunal Constitucional Federal alemán y el Consejo Constitucional francés, al juzgar la constitucionalidad del Tratado de Maastricht sobre la Unión Europea en 1992— a los órganos supranacionales comunitarios de las entonces Comunidades Europeas y ahora de la Unión Europea.

Por ello, la integración europea es lo que es actualmente, gracias a las previsiones constitucionales en cada Estado Miembro, sin las cuales simplemente no habría ni supranacionalidad, ni limitaciones a la soberanía de los Estados, ni derecho comunitario.[36]

---

[36] Véase Allan R. Brewer-Carías, *Implicaciones constitucionales del proceso de integración económica regional*, Caracas, 1997; Allan R. Brewer-Carías, "Las exigencias constitucionales de los procesos de integración y la experiencia latinoamericana" en *Congreso de Academias Iberoamericanas de Derecho*,

En América Latina, como se ha dicho, no se siguió el mismo modelo; y en cambio se pretendió seguir los principios que en Europa fueron producto de previsiones y reformas constitucionales en cada uno de los Estados Miembros de las Comunidades Europeas, sin previsiones constitucionales expresas que autorizasen las limitaciones a los poderes soberanos constitucionalmente otorgados en cada Estado Miembro a sus órganos constitucionales, y la transferencia, cesión o delegación de esos poderes a órganos supranacionales comunitarios.

En el área andina, como se ha visto, hasta 1999, sólo la Constitución colombiana tenía previsiones expresas en este sentido y la Constitución venezolana de 1961 nada preveía sobre la posibilidad de limitar la competencia legislativa del Congreso regulada y prevista expresamente en los artículos 136.24, 139 y 162 y de que el propio Congreso mediante una Ley Aprobatoria de un Tratado, pudiera transferir, delegar o ceder dichas competencias legislativas a órganos supranacionales comunitarios, como era la Comisión de la Comunidad Andina, la cual en tal virtud, tendría la potestad de legislar sobre materias que el artículo 136 de la Constitución atribuía al Poder Nacional, incluso con primacía sobre las leyes que en las mismas materias sancionaran las Cámaras Legislativas.

Al contrario de lo que sucede en todos los Estados Europeos miembros de la Unión Europea y de lo que preveía la Constitución de Colombia, en Venezuela no había norma constitucional alguna que permitiera estas limitaciones a los poderes de los órganos constitucionales nacionales y la transferencia, cesión o delegación de los mismos a los órganos de la Comunidad Andina.

Academia Nacional de Derecho y Ciencias Sociales de Córdoba, Córdoba 1999, pp. 279-317.

Por tanto, en países cuyas Constituciones no resuelven la cuestión constitucional, como era el caso de Venezuela, por más voluntad integracionista que existiera, los obstáculos constitucionales no podían ser superados con simples interpretaciones, que pueden ser cambiantes, sino con reformas constitucionales, como ocurrió en Europa; y menos aún podía interpretarse que la Constitución había sido reformada por la ratificación de los Tratados del Acuerdo de Cartagena y del Tribunal de Justicia de la Comunidad Andina.

Ello no era posible en la Constitución de 1961, la cual tampoco admitía la posibilidad de interpretar que todas las decisiones de la Comisión del Acuerdo de Cartagena, así fueran las que modificaran la legislación interna, eran "derivativas" de obligaciones preexistentes de la República, y que conforme al artículo 128 de dicha Constitución no requerían de aprobación por Ley. Ello, habría significado sido vaciar de contenido el artículo 128 de la Constitución de 1961 y modificarlo por vía interpretativa.

Precisamente, por ello, con razón, la necesidad de darle fundamentos sólidos al proceso de integración en Venezuela, había venido originado propuestas para incorporar a la reforma de la Constitución que había estado estudiando desde 1992, en la norma que se refiere a la integración, un párrafo con el siguiente texto:

> "En los Tratados que tengan por objeto promover o consolidar este proceso podrá convenirse en atribuir a los organismos e instituciones de integración, el ejercicio de determinadas competencias que esta constitución haya conferido a los poderes del Estado. Las decisiones de éstos organismos o instituciones tendrán efectos directos para la población en la medida en que lo establezca el Tratado".

Pero no fue sino hasta 1999, cuando con motivo de la elección de la Asamblea Nacional Constituyente que se instaló en agosto de 1999, surgió la posibilidad real de resolver el problema constitucional de la integración regional. Con tal motivo, al mes de haberse instalado la Asamblea, mediante comunicación de 6 de septiembre de 1999, presentamos a la misma una comunicación en relación con la necesidad de resolver, en el nuevo texto constitucional que debía elaborar, *las exigencias jurídico-constitucionales de la integración regional,* en particular, de las que planteaba la Comunidad Andina, las cuales no habían podido ser resueltas con la exigua norma contenida en el artículo 108 de la Constitución de 1961. En dicha comunicación expresamos lo siguiente:

1. *La integración económica y las exigencias constitucionales*

En efecto, uno de los procesos de mayor importancia para el futuro de América Latina, sin duda, es el proceso de integración económica. Los Estados europeos lo diseñaron como la única vía para recomponer sus economías y, en consecuencia, mejorar la calidad de vida de sus habitantes. Para ello, después de la II Guerra Mundial procedieron a la constitución de un bloque económico, a través del cual implementaron mecanismos de cooperación, facilitando el intercambio de bienes y servicios entre los Estados. Inicialmente el proceso de integración fue por sectores, razón por la cual en 1951, nació la Comunidad Europea del Carbón y el Acero (CECA) mediante la firma del Tratado de París y, posteriormente, abarcó otros aspectos a cuyo efecto suscribieron, en 1957, los Tratados de Roma que crearon a la Comunidad Económica Europea (CEE) y a la Comunidad Europea de la Energía Atómica (Euratom).

En todo caso, y a pesar de tratarse de un proceso novedoso en el campo internacional, debe decirse que desde el punto de vista constitucional, el proceso de integración europeo, desde sus inicios y en todas sus fases, siempre fue precedido de un *reacomodo de las Constituciones de los Estados miembros,* para permitirlo y posibilitarlo, de manera de evitar, en lo posible, todo conflicto entre lo que ha significado, jurídicamente, la integración económica, la Comunidad y la Unión; con lo previsto en las Constituciones de los Estados miembros; siendo las reformas constitucionales una exigencia y a la vez, consecuencia lógica y necesaria para el avance de la integración. (Véase en general Allan R. Brewer-Carías, *Las implicaciones constitucionales de la integración económica regional*, Caracas 1998).

En América Latina, el proceso de integración en proceso de implementación de más vieja data fue el iniciado en 1969, por Bolivia, Colombia, Chile, Ecuador y Perú, con la suscripción del Acuerdo de Cartagena, al cual Venezuela se adhirió, con posterioridad, en 1973. Mediante dicho Acuerdo los países miembros convinieron, entre otros objetivos, en la armonización de las políticas económicas y sociales, la aproximación de sus legislaciones en las materias pertinentes, la adopción de un arancel externo común y el desarrollo de un programa para la liberalización del intercambio comercial.

Sin embargo, en contraste con lo que sucedió en Europa, las Constituciones de los países de América andinos, salvo el caso de Colombia, no han solucionado los problemas jurídicos que plantea el ingreso a procesos de integración económica de carácter comunitario. Por ello, en América Latina, el problema constitucional de la integración es el problema jurídico más importante que debe ser resuelto, pues sin su solución, no podrán existir las bases jurídicas sólidas que requiere el proceso de integración regional.

2. *La consecuencia de la integración: el derecho comunitario*

Ante todo debe señalarse que el desarrollo de las Comunidades Europeas y del Pacto Andino (hoy Comunidad Andina), ha implicado el surgimiento de una serie de instituciones que deben velar por el cumplimiento de los fines de la integración o "comunitarios", los cuales, en más de una oportunidad pueden ser distintos e, incluso, opuestos a los de los Estados miembros. En esta forma, en el ámbito europeo nacieron la Comisión, el Consejo, el Parlamento Europeo y el Tribunal de Justicia Europeo. En nuestro contexto, el Acuerdo de Cartagena creó a la Junta (hoy Secretaría General), la Comisión y el Tribunal de Justicia Andino.

Por otra parte, para garantizar la ejecución de los fines de la integración, progresivamente resultó indispensable que los Países miembros transfirieran a los órganos comunitarios, competencias originalmente reservadas por las Constituciones nacionales a los órganos de los poderes nacionales. Así sucede por ejemplo, con el establecimiento de un arancel externo común, que tiene que pasar a ser una competencia "comunitaria" no siendo posible, una vez establecido, que los países miembros puedan llegar a fijar aranceles distintos a los que establezca el órgano comunitario competente. Para ello es indispensable que en casos como el señalado, los órganos del Poder Público Nacional cedan sus competencias en esas determinadas materias a los órganos supranacionales.

Desde el punto de vista jurídico, la consecuencia fundamental del surgimiento de dichas instituciones supranacionales, es el nacimiento de un nuevo derecho: el Derecho Comunitario, conformado por el conjunto de tratados que originan la comunidad y por las normas dictadas por los órganos comunitarios para garantizar el cumplimiento de los objetivos comunes fijados. La doctrina y jurisprudencia europea tradicionalmente señalan que el referido Derecho Comunitario comprende a su vez, el Derecho Comunitario originario, constituido por los tratados suscritos por los Estados miembros como actores del Derecho Internacional Público y sus modificaciones; y el Derecho Comunitario derivado, integrado por el conjunto de normas de diverso rango, emanadas de los órganos comunitarios o supranacionales creados.

El Derecho Comunitario, por lo tanto, es un derecho distinto, novedoso, que cabalga entre el Derecho Internacional y el Derecho interno de cada país miembro.

3.   *Los principios rectores del derecho comunitario y su solución constitucional*

La vasta doctrina y jurisprudencia europea así como la andina, han dejado claramente definido el criterio de que para garantizar la aplicación uniforme del Derecho Comunitario en los Países miembros es indispensable el cumplimiento de al menos tres requisitos: en *primer lugar*, la atribución de competencias propias de los órganos constitucionales de los Estados a los órganos comunitarios; en *segundo lugar*, la primacía del derecho comunitario y su exclusión del ámbito de los controles constitucionales internos de cada país; y, en *tercer lugar*, la aplicación directa de la normativa dictada por dichos órganos. Para ello, como lo enseña el ejemplo europeo, la única manera para garantizar el cumplimiento de los principios antes señalados en cada uno de los Países miembros, es que sus respectivas Constituciones consagren expresamente, por una parte, la posibilidad de transferir competencias a órganos comunitarios y, por la otra, el efecto directo de dicha normativa en el ámbito interno.

De ello resulta que no se puede llegar a desarrollar un régimen de integración económica efectivo, desconociendo o coartando en el orden interno el contenido y aplicación de los principios que rigen el Derecho Comunitario, a cuyo efecto las Constituciones de los países miembros deben regular el tema. Por ello, si se analiza la experiencia europea se puede apreciar que todos y cada uno de los Estados de la actual Unión Europea consagraron en sus Constituciones, previamente al ingreso a las Comunidades o a la Unión, la posibilidad de atribuir competencias que corresponden a los órganos legislativos, ejecutivos y judiciales nacionales a órganos comunitarios, con la previsión expresa de aceptar limitaciones a su soberanía.

Además, a medida que se ha ido profundizando el proceso de integración europea, como ha sucedido con el reciente paso de la Comunidad Europea a la Unión Europea, y su consolidación a través de los Tratados de Maastricht y de Ámsterdam, la aprobación de estos instrumentos conllevó a que se realizaran reformas constitucionales (como por ejemplo, los casos de Alemania, Francia y España, países que tuvieron que proceder a realizar dichas modificaciones, después de emitidas las decisiones de sus respectivos Tribunales Constitucionales, que así lo impusieron) e incluso *Referéndum*, (como fue el *Referéndum consultivo* de Francia, o el de Dinamarca) en los Estados de la Unión.

De lo anterior resulta, por tanto, que en Europa, el problema jurídico de la integración *siempre ha encontrado solución en las normas constitucionales de los Estados Miembros*, de manera que el derecho comunitario se fundamenta, en último término, en la Constitución de cada uno de ellos.

En Latinoamérica con excepción de las Constituciones de Argentina, Colombia y Paraguay, ninguna otra resuelve en forma clara y expresa la problemática de la transferencia de competencias a órganos comunitarios, sin lo cual resulta imposible concebir un régimen de integración.

En el área andina, en todo caso, se destaca la Constitución de Colombia que establece en su artículo 227 (norma inicialmente incorporada en la reforma de 1968, previa a la suscripción del Acuerdo de Cartagena), lo siguiente:

"El Estado promoverá la integración económica, social y política con las demás naciones y especialmente, con los países de América Latina y del Caribe, mediante la celebración de tratados que, sobre las bases de equidad, igualdad y reciprocidad, *creen organismos supranacionales*, inclusive para conformar una comunidad latinoamericana de naciones. La Ley podrá establecer elecciones directas para la constitución del Parlamento Andino y del Parlamento Latinoamericano".

Adicionalmente, en el artículo 150, numeral 16, del Capítulo 3, de la misma Constitución relativo a la formación de las leyes, establece que el Congreso, entre otras, tiene la siguiente función:

"Aprobar o improbar los tratados que el Gobierno celebre con otros Estados o con entidades de derecho internacional.

Por medio de dichos tratados podrá el Estado, sobre bases de equidad, reciprocidad y conveniencia nacional, *transferir parcialmente determinadas atribuciones a organismos internacionales, que tengan por objeto promover o consolidar la integración económica con otros Estados"*.

Ninguna otra Constitución de los países que conforman la Comunidad Andina resuelve, en esta forma, el problema jurídico de la integración económica, lo que hace el desarrollo del proceso absolutamente precario.

4. *La Constitución de 1961: su insuficiencia, y la propuesta de Reforma Constitucional de 1992*

En el caso de Venezuela, la Constitución de 1961 sólo contiene un artículo que hace una referencia muy general al proceso de integración, como sólo podía suceder en 1961, cuando aún el proceso de supranacionalidad no había encontrado carta de naturaleza en Europa. En efecto, el artículo 108, ubicado en el Capítulo V que versa sobre los Derechos Económicos, pauta que:

"La República *favorecerá la integración económica latinoamericana*. A este fin se *procurará* coordinar recursos y esfuerzos para fomentar el desarrollo económico y aumentar el bienestar y seguridad comunes".

Parte de la doctrina nacional ha pretendido fundamentar en este artículo el proceso de integración andina; al contrario, consideramos que dicho texto no es suficiente para que pueda proceder la delegación de las competencias constitucionales atribuidas a los órganos nacionales, hacia los órganos supranacionales.

Precisamente, en virtud de las discusiones que han surgido por la insuficiencia del contenido del artículo 108 antes citado, como fundamento del proceso integracionista, y en vista de la necesidad de darle una base incuestionable a éste, surgió, en 1992, la propuesta de incorporar a la reforma de la Constitución que se discutía en aquel entonces, en la norma que se refiere a la integración, un párrafo con el siguiente texto:

"En los Tratados que tengan por objeto promover o consolidar este proceso *podrá convenirse en atribuir a los organismos e instituciones de integración, el ejercicio de determinadas
competencias que esta Constitución haya conferido a los poderes
del Estado. Las decisiones de éstos organismos o instituciones
tendrán efectos directos para la población en la medida en que lo
establezca el Tratado"*.

Con una norma de esta naturaleza, el problema jurídico de la integración económica regional quedaría, sin
duda, resuelto para Venezuela.

5. *El contenido en materia de integración del Proyecto de
Constitución Bolivariana propuesto por el Presidente
Chávez: sus insuficiencias y contradicciones*

Ahora bien, en contraste con aquella propuesta, en el
Proyecto de Constitución presentado por el Presidente
Hugo Chávez Frías a la Asamblea Nacional Constituyente,
sólo se incorpora un artículo tendiente supuestamente a
fomentar el proceso de integración económica, que como
una voluntad integracionista, sigue el sentido del artículo
108 de la Constitución de 1961, cuyo texto es del tenor siguiente:

*"Artículo.- La República favorecerá la integración económica lati-
noamericana y caribeña, defendiendo los intereses económicos, sociales y políticos del país, para insertarse en óptimas condiciones
en el proceso de cambios mundiales ya en marcha.* Para estos fines procurará fortalecer la cooperación económica, técnica y
la coordinación de recursos y esfuerzos entre los Estados,
para incrementar el desarrollo humano sustentable".

Es evidente, que con dicho artículo, a estas alturas
del proceso de integración del área andina, no se resuelve
la cuestión constitucional de la integración, puesto que
prácticamente repite o tiene el mismo alcance del artículo
108 de la Constitución de 1961. Si Venezuela quiere avanzar efectivamente en un proceso de integración como parte
de la Comunidad Andina, se requiere, repetimos, una
norma constitucional que permita, en forma clara y diáfa-
na, la transferencia de competencias constitucionales atri-

buidas a los órganos de los poderes nacionales, a órganos supranacionales y sostener, por ende, la primacía del derecho comunitario.

La norma que se propone en el Proyecto presentado por el Presidente Chávez, no atiende a la verdadera consagración de un régimen de integración que exige, insistimos, la recepción automática de las normas de los organismos comunitarios en el ordenamiento jurídico interno, verdadera base y garantía de un sistema comunitario.

En consecuencia, se puede afirmar que en el Proyecto presentado por el Presidente Chávez persiste la falta de fundamento constitucional para la integración, puesto que la norma señalada, ubicada en el Título V "Del Sistema Socioeconómico", además de ser insuficiente, es de carácter programático, en la cual se califica la integración como económica y como latinoamericana y caribeña, lo cual significa una limitación a su ámbito, porque la verdadera no sólo opera en el campo económico, sino que abarca otros ámbitos, como por ejemplo, el social.

Al contrario, en la nueva Constitución se requiere una norma constitucional que autorice expresamente la transferencia de competencias nacionales a los órganos supranacionales y la consecuencial limitación a los poderes constitucionales de los órganos constitucionales nacionales, entre ellos, del Congreso.

Pero además de la insuficiencia del Proyecto presentado por el Presidente Chávez en la solución de las exigencias constitucionales de la integración, debe destacarse el contenido de otra norma del mismo Proyecto que se encuentra ubicada en el Título V "Del Sistema Socioeconómico", que resulta totalmente contraria a la posibilidad de resolver la cuestión constitucional de la integración; según el cual:

> *"Artículo.- Se considera nula y no escrita cualquier cláusula que, como consecuencia de compromisos* crediticios, tecnológicos, comerciales, educativos o de cualquiera otra índole,

condicione o limite la potestad soberana de la República para le-gislar y adoptar medidas en materia económica". (Cursivas agregadas)

Conforme a este artículo, entonces, cualquier cláusula contenida en un compromiso internacional de orden comercial (léase, ámbito económico), que limite o condicione la potestad soberana de la República para "legislar y adoptar medidas en materia económica" será nula.

Por tanto, aun cuando se considerase que el primer artículo antes comentado consagrase una verdadera posibilidad de integración económica, con todas las consecuencias que ello acarrea (entiéndase, la obligatoriedad de las decisiones adoptadas por los órganos comunitarios supranacionales, que éstas sean directa e inmediatamente aplicables, teniendo primacía el derecho comunitario sobre el derecho interno), resultaría imposible sostener ambos artículos a los fines de que se desarrolle un verdadero régimen de integración, puesto que éstos, en su contenido, son contradictorios y, por ende, excluyentes.

En efecto, cualesquiera decisiones que adoptasen los órganos comunitarios supranacionales relativas a materias económicas que, precisamente, con motivo de la integración económica constituyen una limitación a la competencia legislativa y ejecutiva nacional, y pasan a tener prevalencia sobre las que al respecto haya dictado el poder legislativo nacional, con ocasión de la transferencia de competencias a dichos órganos supranacionales, serían, según el artículo del proyecto constitucional propuesto, nulas. Con ello, existiría una evidente contradicción con la norma integracionista, rompiéndose así uno de los principios o pilares fundamentales del derecho comunitario, como lo es, la sumisión del derecho interno a lo que en materias ya reguladas en la legislación nacional dicten los órganos comunitarios supranacionales, en virtud de las competencias transferidas a éstos.

Por tanto, dicho artículo anula cualquier voluntad integracionista y más aún, la posibilidad real y efectiva de instaurar un régimen de integración, en virtud de que imposibilita la transferencia de competencias legislativas en materia económica a los órganos supranacionales.

6. *Propuesta de norma constitucional para el nuevo texto*

Con fundamento en todo lo anteriormente expuesto y en virtud de las numerosas discusiones que ha planteado la redacción tan vaga del artículo 108 de la Constitución de 1961, así como las observaciones críticas que hemos formulado a las normas contenidas en el Proyecto de Constitución Bolivariana, presentado a la Asamblea por el Presidente Chávez, proponemos a la Comisión la inclusión en el Proyecto de Constitución, en sustitución de las normas mencionadas, del siguiente artículo:

"Artículo.- De la integración:

La República favorecerá y promoverá la integración económica, social y política, particularmente con los países latinoamericanos y del Caribe. Con tal objetivo, el Estado podrá celebrar tratados, acuerdos o pactos que sobre la base de la equidad, igualdad y reciprocidad, establezcan organismos supranacionales, a los cuales se les podrá transferir determinadas competencias atribuidas a los poderes públicos nacionales, estadales o municipales. Las normas dictadas por dichos organismos supranacionales serán de aplicación directa en la República, a menos que requieran ser desarrolladas por normas de rango inferior.

La ratificación por parte del Ejecutivo Nacional de aquellos tratados, pactos o protocolos que modifiquen y amplíen las competencias atribuidas a los referidos organismos, requerirán la previa aprobación de la mayoría de absoluta de los miembros de las Cámaras Legislativas en sesión conjunta".

Con una norma como esta se resolverían todos los problemas constitucionales de la integración económica aún no resueltos en el país; exigiéndose que la ratificación que vaya a realizar el Ejecutivo Nacional, actuando en representación del Estado venezolano como sujeto de Derecho Internacional, de tratados que conlleven a transferir a los órganos comunitarios nuevas competencias a las ya atribuidas, se requerirá la aprobación de la mayoría absoluta de los miembros de las Cámaras Legislativas en sesión conjunta. Esto se requeriría, por ejemplo, si en el futuro, la Comunidad Andina decide transferir a los órganos comunitarios, como acaba de ocurrir con el Tratado de Maastricht en Europa, competencias en materia monetaria. Dicho Tratado, en esos casos, requeriría ser previamente aprobado por dicha mayoría parlamentaria, para que el Presidente lo ratifique.

Por último, debe llamarse la atención sobre el capítulo en el cual debe incluirse el artículo sobre la integración. Como se señaló anteriormente, la Constitución de 1961, en materia de integración, sólo contiene un artículo de integración ubicado en el capítulo relativo a los "Derechos Económicos".

Sin embargo, si como se pretende, la integración y, concretamente, la Comunidad Andina, debe dirigirse hacia un proceso más amplio que supere el aspecto económico, es a todas luces inconveniente colocar el artículo de la integración en el campo de los "Derechos Económicos". Basta recordar que en la última modificación del Acuerdo de Cartagena mediante el "Protocolo de Trujillo" (*Gaceta Oficial* N° 36.116 de fecha 30-12-96) se creó el "Consejo Andino de Ministros de Relaciones Exteriores" el cual está conformado por los Ministros de Relaciones Exteriores de los Países miembros, a quien se le otorgan, entre otras facultades la de:

a) Formular la política exterior de los Países Miembros en los asuntos que sean de interés subregional, así como orientar y coordinar la acción externa de los diversos órganos e instituciones del Sistema Andino de Integración; d) Suscribir Convenios y Acuerdos con terceros países o grupos de países o con organismos internacionales sobre temas globales de política exterior y de cooperación.

Por este motivo, estimo que el artículo relativo a la integración que proponemos, se debe colocar en el capítulo que verse sobre las relaciones internacionales de la República."[37]

Con base en la propuesta que formulamos, la cuestión constitucional de la integración regional afortunadamente fue definitivamente resuelta en el artículo 153 de la Constitución de 1999,[38] al desecharse la propuesta formulada por el Presidente Hugo Chávez y superarse la precaria previsión del artículo 108 de la Constitución de 1961 que impedía a Venezuela ingresar decididamente al proceso. En dicha norma se dispuso, en efecto, lo siguiente:

"Artículo 153: La República promoverá y favorecerá la integración latinoamericana y caribeña, en aras de avanzar hacia la creación de una comunidad de naciones, defendiendo los intereses económicos, sociales, culturales, políticos y ambientales de la región. La República podrá suscribir tratados internacionales que conjuguen y coordinen esfuerzos para promover el desarrollo común de nuestras naciones, y que aseguren el bienestar de los pueblos y la seguridad colectiva de sus habitantes. Para estos fines, la República podrá atribuir a organizaciones supranacionales, mediante tratados, el ejercicio de las competencias necesarias para llevar a cabo estos procesos de integración. Dentro de las políticas de integración y unión con Latinoamérica y el Caribe, la República privilegiará relaciones con Iberoamérica, procurando sea una política común de toda América Latina.*

---

[37]   Véase el texto de la comunicación, en cuya redacción colaboraron las abogadas Marianela Zubillaga de Mejías y María Alejandra Estévez, en Allan R. Brewer-Carías, *Debate Constituyente, (Aportes a la Asamblea Nacional Constituyente),* Tomo I, (8 agosto-8 septiembre) Caracas 1999, p. 171 a 182.

[38]   Véase Allan R. Brewer-Carías, *La* Constitución *de 1999,* Caracas 2000, pp. 88 y 89.

Las normas que se adopten en el marco de los acuerdos de integración serán consideradas parte integrante del ordenamiento legal vigente y de aplicación directa y preferente a la legislación interna".

De esta norma debe destacarse, por su importancia en materia de integración, en *primer lugar,* la aceptación por el orden constitucional interno de la creación de órganos supranacionales, a los cuales se pueden atribuir competencias que la Constitución asigna a los órganos del Poder Público, para que pueda existir un derecho comunitario; y *segundo lugar*, que las normas comunitarias dictadas por los órganos supranacionales no sólo tienen aplicación directa e inmediata en el derecho interno, desde que se considera que son parte integrante del ordenamiento legal vigente, sino que tienen aplicación preferente en relación con las leyes nacionales que se les opongan. Por tanto, las decisiones de los órganos jurisdiccionales comunitarios también tienen aplicación inmediata en el país.[39]

---

[39] Véase en general, Jorge L. Suárez, "La Constitución venezolana y el Derecho Comunitario", en *El Derecho Público a comienzos del siglo XXI. Estudios homenaje al Profesor Allan R. Brewer-Carías,* Tomo III, Instituto de Derecho Público, UCV, Civitas Ediciones, Madrid, 2003, pp. 253-276; Marianella Zubillaga, "Los fundamentos del Derecho Comunitario y su soporte constitucional: la experiencia europea y andina", en *El Derecho Público a comienzos del siglo XXI. Estudios homenaje al Profesor Allan R. Brewer-Carías,* Tomo III, Instituto de Derecho Público, UCV, Civitas Ediciones, Madrid, 2003, pp. 281-307; Alfonso Rivas Quintero, *Derecho Constitucional,* Paredes Editores, Valencia-Venezuela, 2002, pp. 292 y ss.; Jorge L. Suárez M., "La Comunidad Andina, la responsabilidad del Estado y la Constitución venezolana", en *Estudios de Derecho Público: Libro Homenaje a Humberto J. La Roche Rincón,* Volumen II. Tribunal Supremo de Justicia, Caracas, 2001, pp. 489-648; Jorge L. Suárez M., "La Constitución venezolana de 1999 y la integración regional", en *Estudios de Derecho Administrativo: Libro Homenaje a la Universidad Central de Venezue-*

Sobre esta materia, sin embargo, se pronunció la Sala Constitucional del Tribunal Supremo de Justicia en sentencia Nº 1492 de 15 de julio de 2003 (Caso: *Impugnación de artículos del Código Penal sobre las llamadas leyes de desacato*), partiendo de la premisa de que 'Por encima del Tribunal Supremo de Justicia y a los efectos del artículo 7 constitucional, no existe órgano jurisdiccional alguno, a menos que la Constitución o la ley así lo señale, y que aun en este último supuesto, la decisión que se contradiga con las normas constitucionales venezolanas, carece de aplicación en el país". La Sala se refirió a los organismos internacionales que emiten verdaderos actos jurisdiccionales con el carácter de órganos supranacionales, y "cuyas decisiones

---

la, Volumen I. Imprenta Nacional, Caracas, 2001, pp. 440-472; Nelly Herrera Bond, "El Derecho Comunitario en la nueva Constitución", en *Comentarios a la Constitución de la República Bolivariana de Venezuela"*, Vadell Hermanos Editores, Caracas, 2000, pp. 7-10; Patricia L. Kegel, "Las Constituciones Nacionales y los procesos de integración económica regional", en *Anuario de Derecho Constitucional Latinoamericano*. Editorial Grancharoff, Buenos Aires, 2000, pp. 295-316; Eloísa Avellaneda Sisto, "Relaciones entre el derecho comunitario y el derecho interno en el marco del Acuerdo de Cartagena", en *Libro Homenaje a Antonio Linares*, Instituto de Derecho Público, Caracas, 1999, pp. 440-472; Eduardo Caligiuri; Jorge Petit, "Los principios de auto-ejecutividad e inmediatez de los tratados internacionales en materia de integración a la luz de la Constitución Venezolana de 1999, en el marco de la Comunidad Andina de Naciones", en *Revista de la Facultad de Ciencias Jurídicas y Políticas de la UCV*, Nº 122, Caracas, 2001, pp. 153-168; Fernando Delgado, "La integración económica y las industrias culturales", en *Libro Homenaje a Antonio Linares*, Instituto de Derecho Público, Caracas, 1999, pp. 73-88; y Véase Juan Carlos Sainz Borgo, "La regulación constitucional del proceso de Integración Andino", en *Libro Homenaje a Enrique Tejera París, Temas sobre la Constitución de 1999*, Centro de Investigaciones Jurídicas (CEIN), Caracas, 2001, pp. 241 a 271.

de cualquier clase se ejecutan forzosamente en los países signatarios de los Convenios que los crean, quienes al suscribirlos ceden en alguna forma su soberanía y de allí que la ejecución de los fallos sea incondicional", agregando lo siguiente:

"Los artículos 73 y 153 constitucionales, contemplan la posibilidad que puedan transferirse competencias venezolanas a órganos supranacionales, a los que se reconoce que puedan inmiscuirse en la soberanía nacional.

Pero la misma Constitución señala las áreas donde ello podría ocurrir, cuales son −por ejemplo− las de integración latinoamericana y caribeña (artículo 153 *eiusdem*). Áreas diversas a la de los Derechos Humanos *per se*, y donde las sentencias que se dicten son de aplicación inmediata en el territorio de los países miembros, como lo apunta el artículo 91 de la Ley Aprobatoria del Estatuto del Tribunal de Justicia de la Comunidad Andina.

Entiende la Sala que, fuera de estas expresas áreas, la soberanía nacional no puede sufrir distensión alguna por mandato del artículo 1 constitucional, que establece como derechos irrenunciables de la Nación: la independencia, la libertad, la soberanía, la integridad territorial, la inmunidad y la autodeterminación nacional. Dichos derechos constitucionales son irrenunciables, no están sujetos a ser relajados, excepto que la propia Carta Fundamental lo señale, conjuntamente con los mecanismos que lo hagan posible, tales como los contemplados en los artículos 73 y 336.5 constitucionales, por ejemplo.

Consecuencia de lo expuesto es que en principio, la ejecución de los fallos de los Tribunales Supranacionales no puede menoscabar la soberanía del país, ni los derechos fundamentales de la República.

Las decisiones pueden resultar obligatorias respecto a lo decidido, creando responsabilidad internacional por el incumplimiento (por ejemplo el artículo 87.7 de la Ley Aprobatoria del Estatuto de Roma de la Corte Penal Internacional), pero nunca en menoscabo de los derechos contenidos en el artículo 1 constitucional, disminuyendo o enervando las competencias exclusivas de los órganos nacionales a quienes la Constitución atribuye determinadas competencias o funciones."

La Sala, sin embargo, en la misma sentencia aclaró recurriendo al más clásico concepto de soberanía, que:

"Mientras existan estados soberanos, sujetos a Constituciones que les crean el marco jurídico dentro de sus límites territoriales y donde los órganos de administración de justicia ejercen la función jurisdiccional dentro de ese Estado, las sentencias de la justicia supranacional o transnacional para ser ejecutadas dentro del Estado, tendrán que adaptarse a su Constitución. Pretender en el país lo contrario sería que Venezuela renunciara a la soberanía...

Afirma la Sala, como principio general, la preeminencia de la soberanía que sólo puede ser derogada por vía de excepción en casos singulares y precisos, ya que el sistema internacional dentro del cual vivimos, desde sus orígenes en el siglo XVI, tiene como principios existenciales los siguientes:

1) La coexistencia en el globo terráqueo de un conjunto de Estados soberanos por definición;

2) La existencia de un sistema jurídico generado entre ellos, cuyas normas solo son obligatorias en la medida en que no menoscaben dicha soberanía, aun cuando hayan sido adoptadas entre ellos voluntariamente.

Distinto es el caso de los acuerdos sobre integración donde la soberanía estatal ha sido delegada, total o parcialmente, para construir una soberanía global o de segundo grado, en la cual la de los Estados miembros se disuelve en aras de una unidad superior. No obstante, incluso mientras subsista un espacio de soberanía estatal en el curso de un proceso de integración y una Constitución que la garantice, las normas dictadas por los órganos legislativos y judiciales comunitarios no podrían vulnerar dicha área constitucional, a menos que se trate de una decisión general aplicable por igual a todos los Estados miembros, como pieza del proceso mismo de integración.

Por otra parte, dado que la sociedad internacional como sistema de Estados soberanos carece de órgano jurisdiccional central omnicompetente, las decisiones de los órganos judiciales internacionales existentes, institucionales o *ad hoc* (arbitrales), de carácter sectorial, para su ejecución en el Estado destinatario, no pueden obviar impunemente la soberanía nacional de estos. Esto significa que, para su ejecución, los fallos deben atravesar el sistema jurídico interno que, sólo en el caso de que la sentencia no vulnere principios y normas constitucionales, podría darle pasavante y proceder a su cumplimiento. En caso de menoscabo de la Constitución, es posible sostener que, aun en esta hipótesis, no hay lugar a responsabilidad internacional por la inejecución del fallo, por cuanto éste atenta contra uno de los principios existenciales del orden internacional, como es el debido respeto a la soberanía estatal"[40].

V. EL ABANDONO DE LA INTEGRACIÓN ANDINA POR VENEZUELA Y LA ADHESIÓN AL MERCOSUR

La voluntad contraria a la integración andina y a la participación de Venezuela en un proceso de integración que implicase cesión de áreas de soberanía a órganos supranacionales era clara no sólo de la propuesta de reforma constitucional formulada en 1999 por el Presidente Hugo Chávez a la Asamblea Nacional Constituyente que antes hemos analizado, totalmente contraria a buscar solucionar las cuestiones constitucionales a la integración, sino de las propias ejecutorias del Ejecutivo Nacional en el entrabamiento de las relaciones con la Comunidad Andina y con los países que la integraban, como consecuencia de lo cual, en varias ocasiones, el Tribunal Andino de Justicia dictó decisiones condenando el incumplimiento de Venezuela de sus obligaciones comunitarias.

---

[40] Véase en *Revista de Derecho Público*, N° 93-96, Editorial Jurídica Venezolana, Caracas 2003.

Después de seis años de complicadas relaciones internacionales, el 20 de abril de 2006 el Presidente Hugo Chávez anunció una reunión que tuvo lugar en Asunción, con los presidentes de Bolivia, Paraguay y Uruguay, el retiro de Venezuela de la Comunidad Andina de Naciones (CAN), sobre la que, dijo, "había muerto a raíz de los tratados de libre comercio TLC firmados por Perú y Colombia con los Estados Unidos," agregando que si antes había dicho que la Comunidad Andina de Naciones "está herida de muerte",

> [...] "hoy puedo decir que está muerta, la mataron. No existe, y nos estamos preparando para denunciarla: Venezuela se sale de la Comunidad Andina, no tiene sentido, hay que hacer otra cosa [...] le sirve a las élites, a las trasnacionales, pero no le sirve a los indios, a los negros, a los blancos o a los pobres. No le sirve a nuestro pueblo y no sólo no le sirve, lo afecta".[41]

Días después, el 22 de abril de 2006, la Secretaría General de la Comunidad Andina recibiría la comunicación del Ministro de Relaciones Exteriores de Venezuela, por medio de la cual se informaba formalmente la decisión de Venezuela de denunciar el Acuerdo de Cartagena, con lo cual, efectivamente, se hería gravemente el esfuerzo de integración andina.

La posición anti-integracionista del gobierno del Presidente Chávez por otra parte, quedó plasmada en la propuesta de reforma constitucional que se formuló en 2007, y que a pesar de haber sido sancionada por la Asamblea nacional en noviembre de ese mismo año, afortunadamente fue rechazada por la voluntad popular expresada en el referendo de 2 de diciembre de 2007.

---

[41]   Véase en Rosalba Cubillos. "Presidente Hugo Chávez anuncia su retiro de la CAN, *La República*, Bogotá, 20-04-2006.

En efecto, en esa reforma constitucional se propuso eliminar el muy importante artículo 153 de la Constitución, y sustituirlo por una norma con el siguiente contenido:

Artículo 153. La República promoverá la integración, la Confederación y la unión de América Latina y del Caribe a objeto de configurar un gran bloque regional de poder político, económico y social. Para el logro de este objetivo el Estado privilegiará la estructuración de nuevos modelos de integración y unión en nuestro continente, que permitan la creación de un espacio geopolítico, dentro del cual los pueblos y gobiernos de nuestra América vayan construyendo un solo proyecto Grannacional, al que Simón Bolívar llamó "Una Nación de Repúblicas".

La República podrá suscribir tratados y convenios internacionales basados en la más amplia cooperación política, social, económica, cultural, la complementariedad productiva Grannacional, la solidaridad y el comercio justo.

En esta forma, las bases constitucionales que se habían establecido en la Constitución de 1999, como una importante novedad, para que la República pudiera participar con seguridad jurídica en los procesos de integración económica latinoamericana, se pretendía que fueran totalmente eliminadas en el proyecto de reforma constitucional de noviembre de 2007, y en su lugar se pretendía establecer un conjunto de principios de política exterior, que nunca fueron explicados, ni podrían serlo, para crear una "Confederación y unión de América Latina y del Caribe" como "un gran bloque regional de poder político, económico y social," como un "espacio geopolítico, dentro del cual los pueblos y gobiernos de nuestra América vayan construyendo un solo proyecto Grannacional, al que Simón Bolívar llamó 'Una Nación de Repúblicas'".

Lo que en realidad se pretendía, con esta reforma, era eliminar las bases constitucionales para que Venezuela pudiera efectiva y permanentemente formar parte de un proceso de integración regional de orden supranacional.

Sin embargo, como se analiza detenidamente en este libro de Jorge Luis Suárez, en paralelo al abandono de la Comunidad Andina de Naciones, y a los intentos de introducir cambios constitucionales limitativos a la posibilidad de participación efectiva en procesos de integración supranacional como los antes mencionados, Venezuela solicitó formalmente su ingreso como País Miembro a MERCO-SUR, en particular, al Tratado de Asunción, al Protocolo de Ouro Preto y al protocolo de Olivos para la Solución de Controversias del MERCOSUR, adhesión que en definitiva fue aprobada mediante el Protocolo de 4 de junio de 2006,[42] el cual como instrumento internacional fue inicialmente aprobado internamente por Argentina y Uruguay, y luego de estar pendiente, y tener durante tiempo oposición de parte de los órganos legislativos de Brasil y de Paraguay,[43] terminaron aprobándolo.

En este proceso, el Estado venezolano tuvo que pasar por el filtro del cumplimiento de la cláusula democrática que estableció en 1998 el Protocolo de Ushuaia, en cuyo artículo 1° se dispuso que *"La plena vigencia de las instituciones democráticas es condición esencial para el desarrollo de los procesos de integración entre los Estados Partes del presente Protocolo"*, y que los países miembros del MERCOSUR supuestamente tuvieron que evaluar. La verdad es que el régimen autoritario de Venezuela establecido en fraude a la Constitución y a la democracia en los últimos lustros, no cumplía con dicho condicionamiento, considerada la de-

---

[42]   Véase Ley Aprobatoria del Protocolo de Adhesión de la República Bolivariana de Venezuela al Mercosur, dictada por la Asamblea Nacional del 13 de julio de 2006.

[43]   Véase Roberto Chacón de Albuquerque, "El Mercosur y la adhesión de Venezuela", en *Revista de Derecho Público,* N° 111, Editorial Jurídica Venezolana, Caracas 2007.

mocracia en los términos de la *Carta Democrática Interamericana* de 2001.[44]

Sin embargo, razones políticas en el Continente, condujeron a la aprobación del ingreso de Venezuela en el MERCOSUR, luego de abandonar el proceso de integración regional andino, el cual es un sistema que aún no responde a un efectivo proceso de integración regional, siendo solo una unión aduanera "imperfecta," basada en acuerdos intergubernamentales que no utiliza el atributo de la supranacionalidad, carente de "derecho comunitario," todo lo cual analiza con detenimiento el profesor Jorge Luis Suárez en su libro, a cuyo texto nos remitimos para su estudio; no sin terminar felicitándolo de nuevo por su trabajo, que sin duda será de enorme utilidad pensando en el futuro de Venezuela, en el campo de la integración económica.

New York, marzo 2016

---

[44] Véase, Allan R. Brewer-Carías, "El autoritarismo establecido en fraude a la Constitución y a la democracia y su formalización en Venezuela mediante la reforma constitucional. (De cómo en un país democrático se ha utilizado el sistema eleccionario para minar la democracia y establecer un régimen autoritario de supuesta "dictadura de la democracia" que se pretende regularizar mediante la reforma constitucional)" en *Temas constitucionales. Planteamientos ante una Reforma,* Fundación de Estudios de Derecho Administrativo, FUNEDA, Caracas 2007, pp. 13-74; "Democracia: sus elementos y componentes esenciales y el control del poder", en Nuria González Martín (Compiladora), *Grandes temas para un observatorio electoral ciudadano, Tomo I, Democracia: retos y fundamentos,* Instituto Electoral del Distrito Federal, México 2007, pp. 171-220; "Reforma electoral en el sistema político de Venezuela", en Daniel Zovatto y J. Jesús Orozco Henríquez (Coordinadores), *Reforma Política y Electoral en América Latina 1978-2007,* Universidad Nacional Autónoma de México-IDEA internacional, México 2008, pp. 953-1019.

INTRODUCCIÓN

En el año 2006, luego de un largo proceso de adhesión, Venezuela se convirtió en Estado parte del Mercosur. No fue el primer acercamiento de este país a esta organización internacional ya que previamente, en tiempos de la segunda Presidencia de la República de Rafael Caldera (1994-1999), Venezuela suscribió un acuerdo de complementación económica con el Mercosur, en parte por la gran cercanía del mencionado presidente venezolano con el entonces Presidente de la República Federativa de Brasil, Fernando Henrique Cardoso[1], aun cuando Venezuela era miembro la Comunidad Andina (CAN), su proceso de integración natural, sobre todo con Colombia, a la cual se incorporó en 1973, también durante la (primera) Presidencia de Rafael Caldera.

---

[1] Durante la última dictadura de Brasil, Don Fernando Henrique Cardoso, exPresidente de Brasil, vivió exiliado en Venezuela, donde fue profesor de la Universidad Central de Venezuela y entabló una entrañable amistad con el político venezolano, Dr. Rafael Caldera, 2 veces Presidente de la República (1969-1974 y 1994-1999), lo cual, cuando ambos coincidieron en la Presidencia de sus respectivos países, ayudó al acercamiento de Venezuela con el Mercosur, que en aquel momento no era incompatible con la membresía de Venezuela en la Comunidad Andina ya que este proceso permitía tal tipo de acuerdos, siempre que no fueran de membresía de pleno derecho y de hecho la Comunidad Andina en bloque negoció un acuerdo de complementación económica con el Mercosur.

JORGE LUIS SUÁREZ MEJÍAS

Sin embargo, pese a su membresía con la CAN, el acuerdo de Venezuela con el Mercosur no era del todo incompatible con aquélla ya que de hecho todo el bloque decidió negociar un acuerdo en bloque con el Mercosur y casi todos los países andinos han decidido ser miembros asociados de éste.

Lamentablemente, este acercamiento compatible de la CAN y sus países miembros con el Mercosur se fue luego convirtiendo en motivo de discrepancias internas en la CAN cuando diferencias ideológicas y personales entre varios Jefes de Estado andinos incidieron en la armonía entre sus miembros y fue por estas discrepancias que el Presidente venezolano de entonces decidió acelerar el ingreso unilateral de Venezuela al Mercosur y finalmente denunciar el Acuerdo de Cartagena en 2006.

Sin embargo, no bastó el deseo del Presidente venezolano para ingresar al Mercosur como miembro pleno porque, pese al irrestricto apoyo de los Presidentes de Brasil y Argentina para que ello ocurriera rápidamente por afinidades ideológicas[2], el Senado de Brasil y el Congreso de Paraguay insistieron durante 6 años en no aprobar el protocolo de ingreso venezolano.

---

[2] Las cercanías ideológicas y personales entre Luiz Ignacio Lula Da Silva y Néstor Kirchner, Presidentes de Brasil y Argentina respectivamente, con el Presidente venezolano, Hugo Chávez, fueron innegables y apoyaron irrestrictamente a éste en su deseo de ingresar a Venezuela al Mercosur, lo cual, además, favorecía a este proceso de integración por ser este país un mercado atractivo, gran productor de petróleo y otros tipos de energía y daba también al Mercosur una cara al Caribe. Pero pese al apoyo a Venezuela de estos presidentes y el de sus sustitutos (Dilma Rousseff y Cristina Fernández), la incorporación de Venezuela al Mercosur tuvo serios inconvenientes en los parlamentos de varios de los países parte de este proceso y por esto demoró varios años para que se concretara.

Igualmente lamentable fue el ingreso definitivo de Venezuela al Mercosur ya que la organización, liderada por los gobiernos de Argentina y Brasil, aprovechó la suspensión de uno de los países miembros –Paraguay–, considerando que la destitución de su Presidente, Fernando Lugo, había constituido una violación de los tratados constitutivos del Mercosur, pese a que todo ocurrió de acuerdo con la Constitución paraguaya, para no pedir a este país su consentimiento para el ingreso venezolano, lo cual también era (es) una norma en el Mercosur, y sin este consentimiento se produjera finalmente el ingreso de Venezuela al Mercosur, sin embargo, como dicen algunos, "por la puerta de atrás" ya que era justamente este país, luego de que el Senado de Brasil aprobara este ingreso, quien mantenía entrabada la aprobación final del Tratado de Adhesión de Venezuela al Mercosur y pese a que el Tratado Constitutivo del Mercosur exigía que los 4 Estados parte debían dar su aprobación interna para que ello fuese posible, lo cual no fue cumplido para la incorporación venezolana a esta organización ya que Paraguay, aunque suspendido (temporalmente), seguía siendo Estado parte.

Obviamente, por esta última razón, los problemas de Venezuela en el Mercosur no quedaron en su irregular ingreso ya que, aparte de las grandes dificultades internas, especialmente del aparato productivo venezolano para enfrentarse a este proceso, especialmente con dos gigantes empresariales e industriales (Brasil y Argentina), acostumbrado los venezolanos más a la integración andina (fáctica y jurídica) de más de 30 años, donde era un país líder y uno de los de mayor desarrollo, con una relación histórica, social y cultural con Colombia de todos los años de su vida republicana, siendo éste el mercado natural de sus productos y necesidades, se agregó luego lo predecible, esto es, el profundo malestar y crisis que generó la presencia de Venezuela en el Mercosur, no consentida por Paraguay, cuando este país se reincorporó al mismo y además ejercer la Presidencia *pro tempore* de la organización.

Pero el gran problema que tiene el Mercosur para Venezuela, lo que incide en su verdadera incorporación en los hechos a este proceso, es que la sociedad venezolana, sobre todo la que queda a cargo de su aparato productivo, luego de la destrucción y debacle que ha sufrido el mismo a lo largo del siglo XXI, con el modelo socialista implantado en Venezuela desde 1999 hasta el presente, lleno de controles públicos[3] y ataques al derecho de propiedad y la libertad económica[4], es que el Mercosur no es el verdadero

---

[3] Desde febrero de 2003, el gobierno venezolano mantiene un férreo control de cambio, totalmente incompatible con cualquier proceso de integración, en donde fija arbitrariamente y de manera directa desde el Poder Ejecutivo (sin autonomía del Banco Central de Venezuela), con fines políticos, el valor de la moneda venezolana (el bolívar) frente al dólar estadounidense en términos totalmente irreales, lo que ha ocasionado graves distorsiones en la economía venezolana en términos muy preocupantes, lo cual ha llevado, entre otras cosas, a que Venezuela tenga el índice de inflación más alto del planeta, aparte de que el 100% de las operaciones cambiarias en Venezuela, sin margen alguno de libertad económica, debe ser autorizado por el gobierno, en términos bastante restringidos, lo que convive con controles de precios totalmente perjudiciales en gran cantidad de productos, lo cual ha generado altos índices de desabastecimiento y grave escasez de productos de primera necesidad (alimentos, medicinas, repuestos de maquinarias y vehículos, productos de aseo personal, electrodomésticos, insumos médicos, etc.) y la proliferación de actividades ilícitas ("bachaquerismo" y "raspacupos", entre otros) como efectos colaterales de tales políticas económicas, lo cual ha generado una grave crisis que ya raya en términos humanitarios en Venezuela.

[4] Al respecto véase la obra colectiva de Abelardo Daza, José Ignacio Hernández, Víctor Hernández-Mendible y Luis Alfonso Herrera, coordinada por quien suscribe este trabajo, titulada *La Libertad Económica en Venezuela (Balance de una Década 1999-2009)*, Universidad Católica Andrés Bello, Caracas, 2011.

espacio comercial para los venezolanos, inclusive desde el punto de vista físico, nada comparable con las innumerables facilidades que ofrecía la Comunidad Andina como proceso de integración, además de que el gobierno venezolano de esta última etapa (casi 17 años) ha visto al Mercosur es como un bloque político, en lugar de un mecanismo de mejora de la calidad de vida y de bienestar al pueblo, para protegerse de lo que llama "las agresiones del Imperio (norteamericano)", sobre todo a través de Brasil.

Así las cosas, el hecho es que Venezuela es miembro pleno del Mercosur y como tal, debe asumir las normas de este proceso como propias, lo cual tiene en la Constitución venezolana todo un desarrollo normativo que, dependiendo del tipo de relación internacional que sea y su naturaleza jurídica, ello será regulado constitucionalmente de una manera o de otra, sobre todo con la clasificación de los mecanismos de relaciones internacionales que hizo la Carta Magna de 1999, distinta a la sencillez y unicidad con que regulaba la Constitución de 1961 estos temas.

En este sentido, para determinar cómo debe ser la aplicación de las normas del Mercosur en Venezuela debemos establecer qué tipo de relación internacional es la que existe en el Mercosur, esto es, si es la tradicional cooperación intergubernamental, la cual no tiene muchas complicaciones jurídicas o se trata de lo que la Constitución venezolana llama "integración", el cual es un mecanismo internacional más complejo, especialmente si ésta tiene además naturaleza supranacional o disfruta de atribución de ejercicio de competencias.

Todo lo anterior tiene influencia para determinar cómo debe ser el mecanismo de ingreso o incorporación de las normas del Mercosur en el ordenamiento jurídico venezolano ya que cada mecanismo de los mencionados tiene sus reglas y características propias, a diferencia de lo que ocurría en la Constitución de 1961 en donde todo lo relativo a las relaciones internacionales tenía prácticamente la misma regulación en un único artículo.

Veamos entonces qué sucede en el Mercosur a este respecto para finalmente establecer sin lugar a dudas qué debe hacerse o no hacerse para que las normas del Mercosur tengan plena vigencia y aplicación en el país.

CAPÍTULO I

LA INTEGRACIÓN COMO MECANISMO PARTICULAR DE RELACIONES INTERNACIONALES Y LA SUPRANACIONALIDAD COMO SU POSIBLE ATRIBUTO

Cuando de relaciones internacionales se trata, normalmente se piensa que la única manera de llevarlas a cabo es a través de la llamada "cooperación internacional", entendiéndose ésta en su acepción más amplia, esto es, no referida solamente a ayuda de un país a otro, con lo que suele asociarse, sino también cuando dos o más Estados, teniendo algún interés común, deciden firmar un tratado para regular tales relaciones y adoptar decisiones conjuntas en las mismas.

Así las cosas, la cooperación internacional no implica necesariamente compromisos a largo plazo, aunque pudiera ocurrir, sino que puede estar enmarcada en relaciones entre determinados gobiernos en concreto, desde el punto de vista temporal, que aunque involucre a los Estados en su totalidad, sin embargo es muy común que termine o deje de ejecutarse al finalizar tales gobiernos por haber sido originados más por ideologías comunes o afinidades temporales, inclusive personales entre los mandatarios involucrados, que por el deseo de establecer lazos indefinidos entre los Estados.

I. LA DEFINICIÓN DE "INTEGRACIÓN"[1]

Otra cosa distinta a la cooperación es la integración como mecanismo de relaciones internacionales. Las características de ésta van más allá de la estricta cooperación entre gobiernos, que tiende a tener una terminación en el tiempo, porque la integración, aunque también puede ser de naturaleza intergubernamental y en efecto generalmente se inicia por tratados de este tipo, sin embargo busca involucrar, más allá de los gobiernos y su temporalidad, a los demás elementos del Estado, incluso a los gobiernos que sucedan a los originales firmantes.

Pero más importante que esto último, lo cual también puede ocurrir en algunos casos de cooperación avanzada, como las zonas de libre comercio, la integración busca involucrar, más que a las autoridades públicas estatales, a los pueblos mismos, para que sean éstos, y no estrictamente los gobiernos, los que reciban directamente los beneficios de tal integración, todo pensado a largo plazo.

Tan esto último es así que, en un momento determinado, los procesos de integración se hacen irreversibles y dejan de depender de los gobiernos mismos y esto precisamente ocurre cuando comienza a darse en los hechos los

---

[1]   Para profundizar sobre este tema, puede verse Suárez Mejías, Jorge Luis, *El Derecho Administrativo en los Procesos de Integración: la Comunidad Andina,* Fundación de Estudios de Derecho Administrativo (FUNEDA), Caracas, 2005. Este libro es la publicación, con algunos ajustes, de la tesis doctoral de su autor en el programa "Problemas Actuales del Derecho Administrativo", dirigida por el Catedrático Ricardo Alonso García, intitulada *La Integración y la Supranacionalidad en la Comunidad Andina: proceso decisorio, sistema jurisdiccional y relación con los derechos nacionales,* Universidad Complutense de Madrid, Madrid, 2001, la cual puede consultarse en www.ucm.es.

primeros signos de la integración de los pueblos, esto es, entre la gente, las comunidades, sociedades o naciones de los Estados participantes en el proceso.

En palabras llanas, cuando hay un proceso de integración se produce una especie de "matrimonio" entre los Estados participantes porque, sin dejar de ser tales y seguir siendo soberanos, aunque en algunos casos se autolimitan la soberanía, se establecen entre ellos compromisos muy profundos a largo plazo que implican sacrificios individuales pero ganancias en conjunto, tal como en los matrimonios, con decisiones comunes entre ellos, todo indefinido en el tiempo, sin fecha de terminación o vigencia, en los cuales a partir de allí cada uno no decide por su cuenta los aspectos involucrados en el proceso sino que deben adoptarse decisiones comunes en el seno de la organización creada, siendo ésta, formalmente, la autora jurídica de las mismas, esto sin quitar que los Estados pueden seguir adoptando decisiones individualmente en los aspectos no incluidos en la integración.

Por este motivo, a medida que el proceso avanza en sus distintas etapas, deja de depender en su existencia de los gobiernos e incluso de los Estados miembros, lo cual no ocurre en la cooperación, pasando a un segundo plano la ideología común que pudieran haber tenido los originales gobiernos involucrados u otras afinidades comunes entre los gobernantes porque lo principal para llevar adelante el proceso es el beneficio general a los pueblos y la eliminación de fronteras entre los países en los aspectos en que ello conviene para mejorar su calidad de vida, sin afectar las características políticas fundamentales de cada Estado.

Ahora bien, otro tema en los procesos de integración es cómo llevarlos a cabo, lo cual a veces se confunde con la integración misma. En efecto, a veces sólo se quiere llamar integración cuando en los tratados se da la llamada "atribución de ejercicio de competencias", lo cual genera la supranacionalidad, pero veremos que no necesariamente es así porque puede haber procesos de integración que al menos en sus primeras etapas son intergubernamentales e incluso avanzados los mismos.

Sin embargo, la realidad y la experiencia demuestran que un proceso de integración, si no comienza bajo naturaleza supranacional o lo que es lo mismo, constituyendo una verdadera comunidad de Estados, como pasó en la hoy Unión Europea, hay un momento, a medida que el mismo avanza, que tal supranacionalidad es imprescindible y necesaria, sin la cual el proceso se estanca, se disuelve o se transforma en otra cosa.

De esto último nos ocuparemos detalladamente más adelante, pero lo importante en este momento es no identificar integración con supranacionalidad sino que ésta puede ser un atributo de aquélla, pero no necesariamente tiene que existir en todo proceso de integración. Lo que verdaderamente va a darle a un tratado el carácter de integración son otras características que pueden resumirse en:

a) Su cualidad de proceso, esto es, no una decisión en un tratado con una vigencia inmediata, sino una sucesión de etapas, a largo plazo, en cada una de las cuales se van logrando resultados parciales. Los procesos de integración no se decretan. Sólo se inician con el tratado constitutivo ni tampoco pueden terminarse de la misma manera. Debe haber períodos de transición tanto para iniciarlos como para terminarlos

b) Su constitución se hace por un tratado-marco que contiene sus objetivos fundamentales, pero el mismo se desarrollará "aguas abajo" con normas internacionales o comunitarias de desarrollo, incluso nacionales, de menor rango jurídico, dictadas en el seno de la organización, ya sea entre los representantes de los Estados miembros o por los órganos autónomos de la misma, o directamente por los Estados miembros.

c) La existencia de una organización internacional propia, que aunque no disfrute de atribución de ejercicio de competencias (supranacionalidad), pueda manejar ciertos asuntos del proceso de manera independiente de los gobiernos, además de los intergubernamentales, ya sea que administre, coordine o logre la reunión de los gobiernos para adoptar las decisiones o dicte decisiones obligatorias con aplicación directa en los países si hay supranacionalidad.

Con respecto a sus etapas, un proceso de integración suele desarrollarse a través de las siguientes fases, aunque no de manera exhaustiva en todos los casos porque pueden variar de acuerdo con las características propias de cada uno:

a) Área de preferencias arancelarias (reducción de aranceles entre Estados participantes).

b) Zona de libre comercio (eliminación de aranceles entre Estados participantes).

c) Unión aduanera (arancel externo común hacia terceros países, aparte de lo logrado en etapa anterior).

d) Mercado común (libre circulación de bienes, servicios, personas y capitales, además de derecho de establecimiento).

e) Unión monetaria (aparte de lo anterior, moneda única con autoridad central común no nacional).

f) Unión económica (lo anterior y determinación común de políticas económicas por autoridades comunitarias).

Cada una de estas etapas puede tomar uno o varios años, lo que dependerá del logro de sus resultados parciales, pero en ningún caso debería convertirse alguna de ellas en un fin del proceso en sí misma, al menos antes de llegar al mercado común.

A partir de esta última etapa, se logran metas bastante definitivas e importantes para los países en donde ya puede decirse que hay verdadera integración de hecho porque ya debería tener objetivos conseguidos en aspectos humanos muy importantes e involucra libertad en varios aspectos esenciales de la vida de un país, como son la circulación de bienes, de personas, de servicios y de capitales, además del derecho de establecimiento, con lo cual ya se percibe el logro de una unidad territorial única, sin fronteras, entre Estados soberanos.

Antes de un mercado común, los fines que se logran, aunque pueden ellos por sí solos ser importantes, sin embargo no creemos que pueda decirse que haya todavía una verdadera integración porque los aspectos que involucra son eminentemente comerciales o de cosas, como es la libre circulación de bienes y a lo mejor de servicios, que aunque relevantes, todavía no involucran elementos humanos, aspecto este tan determinante en un proceso de integración y lo que lo hace nacer, quizá pensando en un eventual nuevo Estado.

En cambio, en lo que se refiere a los tratados de cooperación avanzada y a las previas de un mercado común en un proceso de integración, los aspectos que logra son eminentemente comerciales, como sucede en las zonas de libre comercio e incluso las uniones aduaneras, de manera que si éstas son los fines últimos del tratado, no creemos que ellas impliquen por sí solas un verdadero proceso de integración.

II.   LAS FORMAS DE HACER INTEGRACIÓN

Una vez que los gobiernos de varios Estados han decidido que sea un proceso de integración lo que los una, lograr ciertos fines de interés común y eliminar fronteras en varios aspectos para mejorar la calidad de vida de sus pueblos, procede entonces definir de qué manera llevar adelante el mismo, desde el punto de vista de su naturaleza intrínseca.

En este sentido, es necesario determinar si los Estados están dispuestos a entregar competencias propias a la organización internacional para llevar a cabo el proceso, lo cual debería estar previsto en sus Constituciones, lo que le permitiría a aquélla actuar, al menos parcialmente, de manera autónoma, sin necesidad de tener que convocar a los gobiernos de cada Estado para adoptar sus decisiones o, por el contrario, bastaría para llevar adelante el proceso que las decisiones necesarias para el mismo sean todas adoptadas intergubernamentalmente, reuniéndose periódicamente en el seno de la organización, sin que ésta pueda adoptar autónomamente, con sus propios funcionarios, alguna decisión sino sólo coordinar a tales gobiernos para que las tomen.

Es lo que hablábamos más atrás de si el proceso, y con ello su organización, deba ser intergubernamental o supranacional (comunitario). Las consecuencias jurídicas en uno y otro caso se distancian enormemente y produce un panorama totalmente distinto para cada uno porque cuando se mantiene en un proceso de integración en un 100% la intergubernamentalidad típica de los mecanismos internacionales clásicos, la validez y eficacia de las decisiones del proceso están sometidas a los requisitos que al Derecho Internacional establecen las respectivas Constituciones, pudiendo ser de aplicación directa o, al contrario, necesaria la aprobación legislativa nacional en cada caso para su transformación o conversión en derecho nacional, dependiendo la tesis que adopte cada Constitución (monismo o dualismo, respectivamente).

En cambio, si los Estados deciden atribuir el ejercicio de ciertas competencias nacionales a la organización internacional de integración, posibilidad ésta que debe estar prevista expresamente en las Constituciones de cada Estado miembro y por esto la Unión Europea exige a los Estados que quieran pertenecer a ella que esto esté cumplido nacionalmente -no basta sólo que lo asuman en los tratados-, la organización tendrá competencia para actuar autónomamente en muchos casos, tanto desde el punto de vista administrativo, como normativo y jurisdiccional, produciéndose en ella una necesidad de distribuir el Poder Público recibido de los Estados, parecida a lo que se hace en estos internamente, con la existencia de figuras equivalentes de las tres ramas del Poder Público de aquéllos, esto es, una Administración Pública, un órgano normativo y uno o varios tribunales propios, con la posibilidad de emanación en cada uno de los respectivos actos públicos, equivalentes o iguales, dependiendo del caso, a los actos administrativos, leyes y sentencias, todos ellos válidos y eficaces sin necesidad de aprobaciones nacionales ni exequatur y de aplicación y eficacia directa en los países como regla, si las Constituciones aceptan este atributo.

Por esto decíamos que al tratarse esta última de una realidad jurídica muy compleja, debe estar todo ello, además de previsto en los tratados, ser permitido por las respectivas Constituciones nacionales. De lo contrario, el fracaso está asegurado porque no habrá fluidez jurídica en el mismo.

Así las cosas, en un proceso de integración intergubernamental se producirá Derecho Internacional (no Derecho Comunitario) para la regulación de sus diversos aspectos, con las necesidades de conversión o no a derecho nacional dependiendo lo que digan las Constituciones de los Estados participantes.

Ahora bien, si el proceso de integración es de naturaleza supranacional, con lo cual se constituye una verdadera comunidad de Estados, ya no será el Derecho Internacional el que lo regule enteramente sino que será el Derecho Comunitario el que se derive de él, que tiene como características principales ser de aplicación directa y preferente en todos los casos, sin que puedan pretender los Estados que su aplicación interna necesite de aprobación legislativa o transformación en derecho nacional o que sus Constituciones y leyes internas se apliquen con preferencia en caso de conflicto.

En este sentido, no quiere decir que si el proceso de integración es comunitario, todos los actos jurídicos posibles y necesarios en el mismo los adopta la organización con prescindencia total de los Estados y sus gobiernos, como si fuera ella misma un pequeño Estado y que aquélla esté verdaderamente en un plano de superioridad a los mismos. La supranacionalidad para considerarla existente y aplicable no exige que todos los actos los adopten los funcionarios de la organización sino basta que pueda ser parte de ellos, de manera que otros, sobre todo los de naturaleza política y los de carácter normativo de alto rango, equivalentes a las leyes nacionales, los adoptan órganos constituidos por representantes de los Estados, esto es, los órganos intergubernamentales, aunque actuando dentro de la organización comunitaria y por unanimidad o consenso.

Por otro lado, los actos normativos de segundo nivel, los equivalentes a los reglamentos administrativos en los Estados y los actos administrativos propiamente dichos de efectos particulares, así como las sentencias de los tribunales propios (Tribunal de Justicia), los adoptan funcionarios pertenecientes a la organización que no representan a ningún Estado, es decir, comunitarios propiamente dichos, aunque sus miembros sean nacionales de alguno de ellos, como sucede con las máximas autoridades ejecutivas o administrativas (Secretario General, Director General o funciones similares) y los jueces del Tribunal de Justicia, que deberán adoptarlos por mayoría, esto si son colegiados, y no por consenso o unanimidad como ocurre en los órganos intergubernamentales, cuyas decisiones se adoptan de esta manera por estar constituidos por representantes de los Estados, motivo por el cual debe respetarse la soberanía de cada uno de ellos y uno solo que no esté de acuerdo con la decisión, no puede adoptarse la misma.

III. LA SUPRANACIONALIDAD

Cuando se habla de supranacionalidad pasan dos cosas muy contradictorias: o bien se llama supranacional a cualquier tratado internacional entre países que implique la existencia de una organización internacional o se le atribuye a la supranacionalidad una serie de características tan estrictas y relevantes en sus consecuencias que no existiría en el mundo ninguna organización supranacional.

La realidad es que para definir lo que es la supranacionalidad, primero, debemos entender que estamos en una situación de naturaleza internacional, de manera que no podemos considerar que una organización que tenga esta característica pueda ser –o sea- un Estado, pero tampoco ello quiere decir que sea una organización tradicional de Derecho Internacional porque, precisamente, la supranacionalidad como atributo de las organizaciones internacionales se hizo para corregir defectos de aquéllas.

De manera que para adoptar una definición más exacta o cercana de lo que es la supranacionalidad tenemos que ubicarnos, dentro de lo internacional, en un punto intermedio entre las clásicas organizaciones internacionales que siempre han existido y los Estados, en donde probablemente aquélla termine convirtiéndose en uno de éstos o, por el contrario, termine sus días como una organización internacional tradicional.

En todo caso, como dijimos arriba, lo que hizo nacer a las organizaciones supranacionales fue ese gran defecto del que adolecen las estructuras internacionales tradicionales de poder imponerse a los Estados cuando éstos no cumplen los mandatos de aquéllas, lo cual no quiere decir que necesariamente las organizaciones supranacionales finalmente corrijan este defecto, pero sí es verdad que el atributo de supranacionalidad les da más fuerza frente a los Estados, aunque una vez creada éstos nunca dejan de manejarla, regir su destino político y adaptarla a sus intereses porque siguen siendo soberanos y mantienen esa parte de la organización, así sea ésta supranacional, para la decisión en sus aspectos políticos y normativos más relevantes y la organización internacional siempre será lo que sus Estados miembros quieren que sea.

De manera que una organización supranacional no deja de ser internacional por serlo y los Estados mantienen su manejo y decisiones fundamentales, al menos parcialmente y siguen existiendo muchas de las características de las organizaciones tradicionales o completamente intergubernamentales en aquéllas, lo cual debe convivir con las verdaderas características supranacionales de la organización que le permiten, por otro lado, paralelamente a su funcionamiento intergubernamental, tener autonomía frente a los Estados que la conforman e incluso imponerse a estos hasta cierto punto de ser necesario.

Por lo anterior, decir que una organización supranacional, como su nombre lo indica, está por encima de los Estados, no es tan cierto ni exacto, pero es el nombre que se ha impuesto, aunque sí es verdad que por sus particulares características, el Poder Público que disfruta y la existencia de esa parte autónoma de los Estados, sí puede tener más fuerza y posibilidades de actuación mayores que las organizaciones internacionales tradicionales.

Así las cosas, ¿cuándo verdaderamente una organización internacional es supranacional? Primero que nada lo que hay que decir frente a esta pregunta es que es necesaria la existencia de una atribución del ejercicio de competencias nacionales de los Estados miembros a la organización. Ahora bien, para determinar esto es necesario analizar si los elementos mínimos de la supranacionalidad están presentes, unos en nuestro criterio fundamentales e indispensables, en donde si falta uno de ellos ya no puede haber supranacionalidad y otros elementos que manejamos como complementarios o deseables, pero que algunos autores del tema consideran muy importantes hasta el punto que no conciben una organización supranacional sin estos últimos.

Tales elementos fundamentales y acumulativos que debe cumplir una organización internacional mínimos para considerarse que es supranacional son los siguientes:

a) Posibilidad de emanación de actos jurídicos obligatorios por sí misma, de aplicación directa y prevalente en los Estados miembros.

b) Incidencia directa de sus actos en la esfera jurídica de los ciudadanos sin necesidad de aprobaciones internas en los Estados miembros.

c) Existencia de algunos órganos constituidos por personas que no representan a los Estados miembros y que deciden por mayoría, aunque haya otros de naturaleza intergubernamental y que deciden por unanimidad o consenso.

d) Procedencia de mecanismos de coacción de la organización sobre los Estados miembros en caso de incumplimiento de éstos de los actos y normas comunitarias.

De manera que una organización internacional que carezca de uno de los elementos antes mencionados no podría ser catalogada como supranacional, aunque utilice técnicas supranacionales en algunos aspectos concretos de ella. Por esto no podrá generar Derecho Comunitario, con todas las consecuencias que esto implica, como son que, salvo que las Constituciones nacionales digan otra cosa, los actos normativos no puedan aplicarse directamente sin previa transformación en derecho nacional o aprobación para su entrada en el ordenamiento jurídico interno por ley o acto estatal, ni tener preferencia frente al derecho nacional en caso de conflicto y no podrá considerarse que se ha constituido una verdadera comunidad de Estados en el sentido estricto del término, ni ha ocurrido una atribución de ejercicio de competencias nacionales.

Otros autores agregan otros elementos para que haya supranacionalidad en una organización, como son:

a) Existencia de autonomía financiera o lo que es lo mismo, la posibilidad de generar ingresos propios, aparte de los aportes que deban dar los Estados miembros de acuerdo con los tratados.

b) La imposibilidad de retiro unilateral de un Estado miembro de la organización y con ello, la no recuperación de la plenitud del ejercicio de las competencias atribuidas sin autorización de aquélla.

En nuestro criterio, estos últimos elementos no son fundamentales o indispensables en una organización internacional para que sea considerada como supranacional ya que puede existir una organización de este tipo sin autonomía financiera, aunque es deseable y conveniente que ésta exista para darle más independencia a su gestión.

Creemos que más importante y realista que la exigencia de estricta autonomía financiera en estos últimos términos (ingresos propios) es entender esta autonomía como la posibilidad de poder administrar y decidir por ella misma la aplicación, gasto e inversión del dinero o patrimonio de la organización recibido de los Estados, sin que éstos puedan inmiscuirse en ello, al menos directamente, sea que el ingreso sea propio o derivado de los aportes de los Estados miembros.

Con respecto al segundo de los últimos elementos mencionados, creemos que la imposibilidad de retiro unilateral de los Estados de la organización no puede existir jamás porque una organización internacional, por el sólo hecho de serlo, hace inviable la posibilidad que ella pueda oponerse o impedir el retiro de un Estado miembro porque éstos mantienen su soberanía aun siendo miembros de la misma, por lo que nada podrá impedir, como de hecho ha ocurrido en algunas de ellas en el mundo, que un Estado pueda retirarse solamente existiendo su propia decisión soberana, sin la existencia de una verdadera aprobación de la organización[2].

IV. INTEGRACIÓN, SUPRANACIONALIDAD Y SO-BERANÍA ESTATAL

Uno de los argumentos de mayor elaboración jurídica que ha perjudicado la participación pacífica de Venezuela en los procesos de integración supranacionales y el cumplimiento de sus obligaciones comunitarias ha sido el derivado de la afirmación de que cuando un país se incorpora a una organización de este tipo, realiza una cesión de soberanía, con lo cual se hace ver que el Estado que parti-

---

[2] En la Comunidad Andina ha ocurrido dos veces que un Estado se ha retirado unilateralmente de la misma (Chile y Venezuela), aun siendo ésta supranacional y en una tercera oportunidad ello también casi ocurrió, aunque no formalmente como en los anteriores, pero el Estado (Perú) nuevamente se incorporó a la organización que en los hechos había abandonado, después de varios años en los que se autoexcluyó y no participó en los órganos intergubernamentales de la misma. En 1976 se retiró Chile unilateralmente y lo mismo ocurrió con Venezuela en 2006, lo cual no significa que la organización no sea supranacional ya que sin lugar a dudas disfruta de las características fundamentales de la supranacionalidad que anotamos arriba. En la Unión Europea, si bien no ha ocurrido un verdadero retiro de un Estado miembro, sin embargo el Reino Unido ha amenazado varias veces con hacerlo y ha ocurrido que algunos países no se han incorporado a mecanismos de la organización que debieron ser acatados por todos, como parte de la evolución de la misma, como era la moneda única en su original concepción y el espacio Schengen, alegando razones nacionales (otra vez entre ellos el Reino Unido), con lo cual se confirma que la soberanía no se pierde en este tipo de procesos y sin embargo, esto no quita su indudable naturaleza supranacional al proceso y de su organización internacional.

cipa en una experiencia supranacional transfiere definitivamente poderes propios y se convierte en un país menos soberano.

En efecto, para algunos, el menoscabo de soberanía que sufre un Estado por hacerse partícipe de una experiencia supranacional es tal que para poder llevarse a cabo debe ser sometido a innumerables autorizaciones y aprobaciones por parte de instancias nacionales, antes de que cada norma comunitaria pueda entrar en vigencia, lo cual sólo ocurrirá, en criterio de los que han sostenido esta posición, cuando el órgano nacional lo permita de acuerdo con el derecho interno, principalmente por lo establecido por la Constitución, convirtiendo, recibiendo o transformando la norma internacional en derecho interno.

No obstante, cuando se analiza detenidamente el tema, ni una cosa ni la otra son ciertas. Es decir, ni la experiencia supranacional constituye una cesión o transferencia de soberanía de los Estados a favor de la organización creada, ni la atribución del ejercicio de competencias a este tipo de organizaciones puede permitir que los Estados demoren la puesta en vigencia de las normas comunitarias o que éstos puedan impedir tanto la aplicación directa e inmediata del derecho generado por la organización como la primacía del Derecho Comunitario sobre el derecho nacional por razones estrictamente internas.

En efecto, como bien lo dice el propio artículo 153 de la nueva Constitución venezolana, el cual vamos a analizar detalladamente más adelante, "la República podrá **atribuir** a organizaciones supranacionales, mediante tratados, el **ejercicio** de las **competencias** necesarias para llevar a cabo estos procesos de integración". De esta frase constitucional resulta fácil afirmar que lo que hace el Estado venezolano cuando se incorpora a una organización supranacional es **atribuir el ejercicio** de las competencias necesarias para ello y no **ceder o transferir las competencias** en sí mismas consideradas, de donde se desprende que la titularidad de éstas sigue estando en manos de los Estados miembros y no pasa a la organización internacional.

Por este último motivo se puede decir que lo que realmente ocurre en un proceso de integración supranacional es una distribución del ejercicio de las competencias entre los Estados y la organización o una especie de descentralización internacional, porque así lo han querido los propios gobiernos de los países involucrados por razones de conveniencia nacional y se supone que deben permitirlo así sus Constituciones.

De allí que no es correcto afirmar que un país cuando acepta participar en una experiencia supranacional está cediendo parte de su soberanía a la organización creada y que, por consiguiente, es menos soberano que otro que no esté en esa situación, hasta el punto de que ya no puede retirarse de la organización por su única voluntad y que tampoco puede recuperar la plenitud del ejercicio de sus competencias cuando lo desee sino cuando lo permita la organización.

Ciertamente, como sucede en todos los convenios internacionales, por decidirlo así los Estados que los suscriben, la soberanía se ve limitada, que no eliminada o reducida, en el ejercicio que les corresponde a éstos, pero su contenido sigue enteramente bajo su titularidad y por ello cuando por su propia decisión los Estados quieran ejercer sus competencias en forma absoluta en el ámbito nacional sin intervención de la organización supranacional, pueden retirarse de ésta y recuperar la plenitud del ejercicio de sus competencias nacionales, quedando a salvo las responsabilidades internacionales y frente a sus ciudadanos en que pudieran incurrir.

Todo esto se hace más cierto cuando nos damos cuenta de que una vez creada la organización supranacional, los Estados no desaparecen de su consideración en la realización de sus actividades sino que sus representantes siguen participando en la adopción de las grandes decisiones y orientación general de la organización a través de los llamados órganos intergubernamentales, en los que es fundamental para dictar sus actos que todos los Estados presentes den su consentimiento, coexistiendo esto con los funcionarios nombrados por la propia organización que dirigen los órganos autónomos, casi siempre en el área administrativa y judicial.

Así las cosas, no es del todo cierto que una organización supranacional, luego de constituida por los Estados miembros, llegue a tener una independencia tal que le permita prescindir en todos los casos de la voluntad de los países que le dieron origen, debiendo éstos someterse, desde afuera, ciegamente a sus designios. Realmente, en el sentido estricto del término, la organización así creada no es supranacional, pero a la vez este término refleja una situación especial en la que la organización con estas características disfruta de una serie de poderes que de acuerdo con el Derecho Internacional clásico no era posible que tuvieran las organizaciones tradicionales.

Por otro lado, es consustancial a una experiencia supranacional, en una realidad como la antes anotada, que sus actos y normas no tengan que pasar por el tamiz legislativo o administrativo de los órganos nacionales ya que, de otra manera, el poder de decisión de la organización y sus posibilidades de independencia de actuación no variarían en lo más mínimo a las que tienen las organizaciones intergubernamentales tradicionales, que las han llevado a ser muy criticadas justamente por su falta de poder, su debilidad en situaciones límite y por la imposibilidad de imponerse a los mismos Estados en caso de incumplimiento de las obligaciones asumidas por éstos en los tratados. Permitir obstáculos u aprobaciones como las que sostienen algunos que deben sufrir los actos comunitarios antes de entrar en vigencia en cada país sería menoscabar e impedir de manera casi definitiva el funcionamiento de las organizaciones supranacionales, de una manera tal que en nada se diferenciarían de las que quisieron diferenciarse.

En todo caso, las razones que pueden alegarse para que una norma comunitaria no entre en vigencia de inmediato, esto es, cuando es publicada en el órgano oficial del convenio, deben ser también de índole comunitaria y no nacionales, lo que quedará en el criterio de los propios órganos comunitarios y no de los Estados miembros, lo cual sólo puede suceder en casos realmente excepcionales cuando, repetimos, ello convenga a la comunidad.

De cualquier manera, tal excepción no implica que la norma comunitaria deba transformarse en derecho nacional porque ello no es necesario en ningún caso respecto al Derecho Comunitario, ni siquiera en los casos en que la suspensión de la vigencia se haga por la propia normativa comunitaria, lo que, en todo caso, debe interpretarse de acuerdo con el Derecho Comunitario y no por los principios de Derecho Internacional. El Derecho Comunitario para ser aplicado directamente en los Estados no necesita fundirse o convertirse en derecho nacional y no aplican a él las teorías dualista y monista del Derecho Internacional.

El Derecho Comunitario es un derecho autónomo, que vale por sí mismo y por esto es un error de la Constitución venezolana en su artículo 153, como vamos a ver, que haya expresado, quizá entendiendo que eso era un avance, que el Derecho Comunitario es parte integrante del ordenamiento legal vigente ya que bajo ningún respecto tener este derecho sus principios rectores (aplicación y efecto directo y prevalencia) hace necesario convertirse en derecho nacional sino que lo que es imprescindible es que haya sido dictado en ejercicio de las atribuciones otorgadas a la organización internacional por los Estados miembros en los tratados constitutivos.

CAPÍTULO II

LA REGULACIÓN DE LA INTEGRACIÓN EN LA CONSTITUCIÓN VENEZOLANA DE 1999

Uno de los aspectos que mejoró sustancialmente la Constitución de 1999 respecto a la Carta Magna de 1961 fue precisamente el relativo a la regulación del fenómeno de la integración regional. En efecto, la Constitución de 1961 se limitaba a hacer genéricas menciones a este tema en su preámbulo y en su artículo 108, las cuales no contenían realmente una regulación exhaustiva de este tema sino que se trataba de normas programáticas redactadas en términos muy amplios.

Claro, hay que tomar en cuenta que en 1961 cuando se redactó nuestra anterior Constitución, no estaba tan desarrollada en el mundo esta nueva forma de entablar relaciones internacionales, como es la integración y las antiguas Comunidades Europeas apenas comenzaban su andadura, por lo que esta Carta Magna sólo vino a reflejar la situación que había en ese momento sobre el Derecho Internacional, en el que no había tantas distinciones como ahora.

Sin embargo, pese a tener el carácter de normas programáticas, los artículos existentes en este tema en la Constitución de 1961 sirvieron para darle piso constitucional a los procesos de integración en los que Venezuela se hizo parte, especialmente en la Comunidad Andina[1] que,

---

[1] El antes llamado Pacto Andino fue suscrito en 1969 entre Colombia, Ecuador, Perú, Bolivia y Chile, y luego incorporó Venezuela en 1973, aun cuando este país fue uno de los motores fundadores de este proceso desde 1966, cuando los Presidentes de entonces (Raúl Leoni de Venezuela, Eduardo Frei Montalva de Chile y Carlos Lleras Restrepo de Colombia) se les ocurrió diseñar este proceso de integración. Este

tratado preveía una organización de dudosa naturaleza supranacional en su fundación, pero buscaba ser un proceso de
integración con las características del que se estaba desarro-
llando en Europa y que hoy constituye la Unión Europea, cuyas características jurídicas definitivamente adquirió con el
Tratado de Creación del Tribunal de Justicia del Acuerdo de
Cartagena de 1979, puesto en vigencia en 1984, luego de que
-otra vez- sucede la tardía ratificación de Venezuela en 1983.
Así, el proceso de integración andino adquirió indudable naturaleza supranacional ya que este tratado, aparte de crear
un verdadero Tribunal de Justicia al estilo de las entonces
Comunidades Europeas, lo cual ya era importante porque es
permanente, de jurisdicción obligatoria y constituido por
jueces independientes de los Estados miembros, estableció la
existencia de un verdadero ordenamiento jurídico andino
comunitario de tipo jerárquico como en los Estados, con la
existencia de principios de aplicación y efecto directo, primacía del Derecho Andino, responsabilidad patrimonial de
los Estados miembros por violación del Derecho Comunitario y el principio de seguridad jurídica en la integración de
este derecho en los Estados, todo al estilo del Derecho Comunitario europeo. Esta compleja realidad supranacionalidad andina, sin embargo, no tuvo un piso constitucional
sólido en ningún país andino sino después que se incorpora-
ron las respectivas cláusulas constitucionales en varios países miembros y concretamente en Venezuela no había una
norma constitucional como la actual en el artículo 153 de la
Carta Magna de 1999 (al respecto, véase Brewer Carías,
Allan, "Las implicaciones constitucionales de la integración
económica regional", *Cuadernos de la Cátedra Allan R. Brewer-
Carías de Derecho Público*, N° 5, Universidad Católica del
Táchira-Editorial Jurídica Venezolana, Caracas, 1998. En sentido contrario, Andueza Acuña, José Guillermo, "Fundamentos Constitucionales de la Integración", *II Jornadas Colombo Venezolanas de Derecho Público*, Universidad Externado
de Colombia, Bogotá, 1996). Para subsanar esta debilidad
jurídica constitucional, se interpretaron a favor del proceso
andino el preámbulo constitucional y el artículo 108 de la
entonces vigente Constitución de 1961, aunque éstos no lle-

además, es supranacional, con todo y su debilidad, un aspecto que hasta 1961 no había tenido mayor trascendencia y desarrollo en el mundo, al menos tanto que mereciera unas disposiciones constitucionales especiales como sucede ahora.

Pese a que en Europa ya habían comenzado experiencias integradoras muy importantes, que hoy constituyen lo que se llama la Unión Europea, como fueron la Comunidad Europea del Carbón y del Acero (CECA) y la antigua Comunidad Económica Europea (CEE), aparte de otra muy importante que fue la Comunidad Económica de la Energía Atómica (CEEA), tales experiencias no habían trascendido jurídicamente más allá del viejo continente y no habían tenido el suficiente desarrollo como para constituirse, como es hoy, en la fuente de ese nuevo derecho que es el Derecho Comunitario.

En Latinoamérica apenas acabábamos de crear (1960) la legendaria Asociación Latinoamericana de Libre Comercio (ALALC), precedente inmediato de la actual Asociación Latinoamericana de Integración (ALADI), creada en 1980 en sustitución de aquélla, las cuales, sin embargo, no pretendían emular las comunidades europeas antes mencio-

---

gaban tan lejos como para aceptar una supranacionalidad como la andina y por esto hubo serios problemas jurídicos en la aplicación en Venezuela del Derecho Andino, pese a que los tratados constitutivos eran claros respecto a la supranacionalidad andina, no así las distintas Constituciones de los Estados miembros, todo lo cual demostró por qué la hoy Unión Europea es tan celosa para que, antes de incorporarse un país a ésta, debe estar la respectiva Constitución en línea para permitir la integración supranacional como mecanismo específico de las relaciones internacionales y sobre todo que pueda darse la atribución de ejercicio de competencias a la organización internacional, para así poder tener fluidez la aplicación y demás efectos jurídicos del Derecho Comunitario en los Estados miembros.

nadas sino ser mecanismos de integración regulados enteramente por el clásico Derecho Internacional, realidad ésta
que, como toda Constitución, tenía previstas las respectivas normas en la Carta Magna de 1961, pero que no diferenciaban lo que era una experiencia integradora propiamente dicha de la tradicional cooperación internacional. Al
ser ambas experiencias derivadas de tratados internacionales, su normativa era única (art. 128), se consideraban ellas
fuente de Derecho Internacional y su regulación era la
misma para los dos mecanismos de relaciones internacionales.

Lo mismo sucedía con el tema derechos humanos,
hoy objeto de importantísimas y avanzadas normas constitucionales en la Ley Fundamental venezolana de 1999 (art.
23), con lo cual, además de su desarrollo legal y jurispru-
dencial, se conforma una nueva rama jurídica, diferenciada
del Derecho de la Integración (el Derecho Comunitario
dentro de éste) y el propio Derecho Internacional, con la
cooperación internacional como principal mecanismo, como es el Derecho de los Derechos Humanos[2].

---

[2] Así como se crea un nuevo artículo en la Constitución venezolana de 1999, que se convierte en la gran cláusula constitucional en materia de integración y Derecho Comunitario,
el cual vamos a estudiar profundamente en este trabajo más
adelante (art. 153), el cual establece un antes y un después
en esta materia en el Derecho Constitucional venezolano,
también hay otra norma muy importante en esta Carta
Magna, esta vez en materia de Derechos Humanos, como es
el artículo 23 que dispone, al estilo de las grandes constituciones avanzadas del mundo, que "[l]os tratados, pactos y
convenciones relativos a derechos humanos, suscritos y ratificados por Venezuela, tienen jerarquía constitucional y pre-
valecen en el orden interno, en la medida en que contengan
normas sobre su goce y ejercicio más favorables a las establecidas en esta Constitución y en las leyes de la República,
y son de aplicación inmediata y directa en los tribunales y

Fue después de la promulgación de la Constitución de 1961 cuando se produjeron verdaderas experiencias en materia de integración que comenzaron a merecer un derecho propio, independientemente de lo que el Derecho Internacional pudiese aportar, lo que hizo que constitucionalmente no tenían una especial regulación y en algunos de ellos esto fue bastante negativo, al menos durante una etapa de los mismos, como fue el caso del originalmente denominado Pacto Andino, del que Venezuela fue parte desde 1973, hoy llamado la Comunidad Andina (CAN), que generaban, especialmente desde 1979 con el originalmente denominado Tratado de Creación del Tribunal de Justicia del Acuerdo de Cartagena, un mundo jurídico nuevo más allá del Derecho Internacional que les dio origen, como sucedió con la hoy Unión Europea, productores de un nuevo derecho: el Derecho Comunitario.

Esta particular situación, además de ser de origen internacional, fue de carácter supranacional, en el sentido estricto del término, que en el caso venezolano, pese a firmarse los respectivos tratados internacionales, aprobados posteriormente por ley del antiguo Congreso Nacional, tanto el principal como sus protocolos modificatorios, no estaba prevista en la Constitución de 1961 con sus especiales características y trascendencia jurídica, por lo cual hubo que echar mano en su momento del mencionado artículo

---

demás órganos del Poder Público". Lástima que este artículo, como el 153 citado, no sean aplicados efectivamente en la práctica, especialmente por la jurisprudencia de la Sala Constitucional del Tribunal Supremo de Justicia (véase a este respecto la famosa sentencia en el llamado caso "*Chavero*" de esta última Sala, N° 1942, de fecha 15-7-2003), en la que se hacen insólitas afirmaciones sobre estos temas, muchas de ellas sin tener que ver con el caso concreto, por parte de la máxima instancia judicial constitucional venezolana, pese a la claridad y avance de las normas *in comento*).

108[3] y el preámbulo constitucional de entonces, que realmente no habían pensado en ello cuando fueron dictados porque cuando se dictó la Constitución de 1961 tal mundo jurídico tan avanzado no existía, al menos como luego fue desarrollado en la hoy Unión Europea.

Esto último hizo que una realidad muy compleja, como era la experiencia andina comunitaria, de carácter supranacional, se pretendiera buscar su piso constitucional en normas que no le daban realmente ese respaldo, motivo por el cual la Comunidad Andina, especialmente desde 1983, cuando entró en vigencia el mencionado Tratado de Creación del Tribunal de Justicia, tuvo muchos problemas prácticos ya que era más que una experiencia internacional: fue, y es, una experiencia comunitaria que necesitaba algo más del estricto Derecho Internacional para desarrollarse y ser aplicada en Venezuela porque trascendía a este último al ser fuente de Derecho Comunitario, con sus relevantes e importantísimos principios rectores.

Así las cosas, la integración regional debe ser objeto de especiales consideraciones constitucionales porque, como vimos, ya ella misma constituye un fenómeno internacional que va más allá de la estricta cooperación intergubernamental y porque, además, puede generar un nuevo derecho que es autónomo del tradicional Derecho Internacional, aunque manteniéndose vasos comunicantes entre ambos al ser uno la fuente del otro y necesita de especiales normas constitucionales para llevarse a cabo y ser aplicado en cada país por tener principios y características propias.

---

[3]   El artículo 108 de la Constitución venezolana de 1961 expresaba que "[l]a República favorecerá la integración económica latinoamericana. A este fin, se procurará coordinar recursos y esfuerzos para fomentar el desarrollo económico y aumentar el bienestar y seguridad comunes". Parte de este artículo está contenido hoy en el artículo 153 de la Constitución de 1999, aunque en nada se compara este último con aquél en la trascendencia de sus disposiciones y efectos jurídicos.

Hoy, aunque lamentablemente no forma Venezuela parte de una experiencia integradora de tales características, al ser excluido de la Comunidad Andina en 2006 por decisión presidencial venezolana, el hecho es que sí puede considerarse sin lugar a dudas el Derecho Comunitario constitucionalmente viable y aplicable en el ordenamiento jurídico venezolano, a diferencia de la Constitución de 1961, que englobaba a la integración regional, la cooperación internacional y los derechos humanos como parte de un mismo mundo jurídico, del Derecho Internacional y sus comunes normas constitucionales regulatorias.

Así las cosas, la Constitución venezolana de 1999 en el artículo 153 ratifica lo que una vez dijo la Constitución derogada de 1961, no con las mismas palabras pero sí con otras, quizás en un sentido más amplio, parte de lo cual ya hemos transcrito antes: la República "promoverá y favorecerá la integración latinoamericana y caribeña, en aras de avanzar hacia la creación de una comunidad de naciones, defendiendo los intereses económicos, sociales, culturales, políticos y ambientales de la región". Luego continúa diciendo el mismo artículo que la República "podrá suscribir tratados internacionales que conjuguen y coordinen esfuerzos para promover el desarrollo común de nuestras naciones, y que garanticen el bienestar de los pueblos y la seguridad colectiva de sus habitantes".

Más adelante, para cerrar sus aspectos programáticos, el artículo 153, complementando la posibilidad de atribución del ejercicio de competencias a que antes hicimos referencia, dispone que dentro "de las políticas de integración y unión con Latinoamérica y el Caribe, la República privilegiará relaciones con Iberoamérica, procurando sea una política común de toda nuestra América Latina, todo lo cual se pretende perfeccionar con estipulaciones tan relevantes como la que antes comentamos de que "[l]as normas que se adopten en el marco de los acuerdos de integración serán consideradas parte integrante del ordenamiento legal vigente y de aplicación directa y preferente a la legislación interna".

Como puede verse, está más clara en la nueva Constitución la concepción de la integración como una forma distinta de manejo de las relaciones internacionales frente a los tradicionales mecanismos de la cooperación internacional porque siendo ésta una importante forma de entenderse los países en ciertos supuestos, no llena las expectativas en otros, ni satisface a los Estados cuando se trata de la asunción de compromisos más profundos entre ellos con la finalidad de lograr, como dice el mismo artículo 153, el desarrollo común de las naciones, el bienestar de los pueblos y la seguridad colectiva de los habitantes Esto, ciertamente, sólo puede lograrse a través de la integración, que significa etimológicamente y lo vimos al principio de este trabajo, que unas partes se unen para conformar un todo, en donde cada parte mantiene su individualidad y existencia, es decir, no se funden para ello, o lo que es lo mismo, los países cuando se integran mantienen su individualidad y aunque se avance en el proceso, no crean un nuevo Estado.

La cooperación, sin embargo, puede ser un mecanismo complementario para lograr ciertas metas de la integración, ya sea las directamente relacionadas con el propio proceso o para poder entenderse con los demás países en situaciones en las que no hace falta asumir lazos tan profundos como los que se producen cuando una experiencia integradora tiene éxito.

En todo caso, la Constitución venezolana con este artículo 153 se convierte en una de las más avanzadas y modernas del continente, solamente comparable con la Constitución colombiana[4], al permitir y prever expresa-

---

[4]   Según el artículo 227 de la Constitución Política de Colombia "[E]l Estado promoverá la integración económica, social y política con las demás naciones y especialmente, con los países de América Latina y del Caribe mediante la celebración de tratados que sobre bases de equidad, igualdad y reciprocidad, creen organismos supranacionales, inclusive para conformar una comunidad latinoamericana de naciones"

mente situaciones que hasta hace poco eran inaceptables, no solamente en Venezuela sino en el mundo. En Europa, por ejemplo, en donde nacieron las primeras experiencias integradoras, especialmente las de naturaleza supranacional, hubo que hacer varias reformas para que las Constituciones permitieran situaciones como las que se producen en la actual Unión Europea, lo que llevó a que el tema fuese discutido entre sus ciudadanos y los órganos de los Poderes Públicos, previamente a la suscripción de los tratados constitutivos, no solamente cuando se trataba de la incorporación de los países a tales experiencias sino cada vez que estos tratados debían sufrir alguna reforma.

Así las cosas, la Constitución venezolana de 1999, aparte de hablar de la integración latinoamericana en su preámbulo, lo que ya hacía de alguna manera su precedente, separa tres mundos jurídicos de origen internacional, que hoy son ramas del derecho independientes, como son el Derecho de la Integración (Comunitario), el propio Derecho Internacional con su forma tradicional de llevar a cabo las relaciones entre países –la cooperación internacional- y el Derecho de los Derechos Humanos, aunque todos sometidos para su conformación a los requisitos que ya la

---

Igualmente, el artículo 150, numeral 16, establece que "[c]orresponde al Congreso hacer las leyes. Por medio de ellas ejerce las siguientes funciones: (...) 16. Aprobar o improbar los tratados que el Gobierno celebre con otros Estados o con entidades de Derecho Internacional. Por medio de dichos tratados podrá el Estado, sobre bases de equidad, reciprocidad y conveniencia nacional, transferir parcialmente determinadas atribuciones a organismos internacionales, que tengan por objeto promover o consolidar la integración económica con otros Estados". Como puede verse, la Constitución colombiana también diferencia como mecanismo de relaciones internacionales a la integración y la posibilidad de "transferir" parcialmente determinadas atribuciones a organismos internacionales, con lo cual acepta la posibilidad de supranacionalidad dentro de aquélla.

Constitución de 1961 tenía para todo el Derecho Internacional -aprobación legislativa de los tratados internacionales con varias excepciones-, que en aquel entonces no podían dar lugar a tres posibles derechos independientes sino que todo era considerado como Derecho Internacional, independientemente de su desarrollo posterior, que en algunos casos ya reconocía la posibilidad de aplicación directa sin necesidad de aprobación legislativa, con lo cual parecía asumir, al menos en algunos casos, la tesis monista del Derecho Internacional, pese a que la regla hacía ver que se asumía la tesis dualista.

Si bien el Anteproyecto de Constitución presentado por el propio Presidente de la República en 1999 ante la Asamblea Constituyente no preveía la posibilidad de atribuir el ejercicio de competencias a organizaciones internacionales para llevar adelante procesos de integración, la Constitución finalmente sancionada por esta Asamblea Constituyente y aprobada en referéndum a finales de ese año tiene en forma clara una norma que permite tal posibilidad, gracias a la intervención de instituciones dedicadas al tema que a tiempo lograron influir en tales mandamientos[5].

En efecto, el artículo 153 de la nueva Constitución de 1999 establece lo siguiente:

---

[5]   En efecto, aparte de la existencia de miembros de la Asamblea Constituyente venezolana de 1999 que conocían bastante el tema, como el profesor Allan R. Brewer-Carías, en ese año un grupo de profesores universitarios especialistas en esta materia, entre los que se encontraba el autor del presente trabajo, presentaron a esta asamblea un anteproyecto de capítulo constitucional para la regulación de la integración como nueva forma de entablar relaciones internacionales y su más importante manifestación, como son las comunidades de Estados y su derivado el Derecho Comunitario. De este anteproyecto parece haber sido tomado parte del actual artículo 153 y también del artículo 73 como comentaremos más adelante.

"La República promoverá y favorecerá la integración latinoamericana y caribeña, en aras de avanzar hacia la creación de una comunidad de naciones, defendiendo los intereses económicos, sociales, culturales, políticos y ambientales de la región.

La República podrá suscribir tratados internacionales que conjuguen y coordinen esfuerzos para promover el desarrollo común de nuestras naciones, y que aseguren el bienestar de los pueblos y la seguridad colectiva de sus habitantes. **Para estos fines, la República podrá atribuir a organizaciones supranacionales, mediante tratados, el ejercicio de las competencias necesarias para llevar a cabo estos procesos de integración.**

Dentro de las políticas de integración y unión con Latinoamérica y el Caribe, la República privilegiará relaciones con Iberoamérica, procurando sea una política común de toda nuestra América Latina. **Las normas que se adopten en el marco de los acuerdos de integración serán consideradas parte integrante del ordenamiento legal vigente y de aplicación directa y preferente a la legislación interna."** (negrillas nuestras)

Como se puede observar, esta norma constitucional constituye una verdadera innovación porque expresamente regula el supuesto de la incorporación de Venezuela a organizaciones internacionales que requieren para sus actividades disfrutar de la atribución del ejercicio de competencias por parte de los países que la conforman, comúnmente llamadas supranacionales.

En efecto, como vimos, hasta la Constitución de 1961 no estaba prevista expresamente la posibilidad de que Venezuela pudiera intervenir en experiencias internacionales en la que hiciera falta que los Estados participantes se desprendiesen, a favor de una organización externa a ellos, de poderes que hasta ese momento esos Estados habían disfrutado en exclusiva, de manera que a partir de allí los países miembros queden bajo el ámbito de aplicación directa, en determinadas áreas, de los actos comunitarios producidos en virtud del ejercicio de tales poderes por la aludida organización en materias de interés común.

El vigente artículo 153 de la Constitución ha elimina-
do todas las dudas al respecto y permite expresamente la
suscripción de tratados internacionales en los cuales la República "podrá atribuir a organizaciones **supranacionales**
el ejercicio de competencias necesarias para llevar a cabo
estos procesos de **integración**" (negrillas nuestras). Nótese
que la nueva Carta Magna venezolana utiliza los términos
"integración" y "supranacionales", que, como veremos, se
contraponen a la "cooperación" y a la "intergubernamentalidad".

Se trata, en efecto, en primer lugar, de dos términos
-los destacados en negrillas- que, en todo caso, no deben
considerarse como sinónimos sino que cada uno tiene su
propia especificidad como vimos antes, y en segundo lugar, se trata -la integración- de una nueva forma de llevar
adelante las relaciones internacionales, distinta a la que
siempre se había utilizado entre los Estados contemporá-
neos: la cooperación intergubernamental.

Por otro lado, el mismo artículo 153 habla en su inicio de que la República "promoverá y favorecerá la integración latinoamericana y caribeña", en similares términos,
por cierto, a como lo hacía el artículo 108 de la Constitución de 1961, "en aras de avanzar hacia la creación de una
comunidad de naciones". La utilización de este último
término, resaltado con negrillas, tiene mucha relevancia
respecto al tema de la integración ya que justamente lo que
se busca en un proceso de este tipo es la creación de una
comunidad, siendo su gran diferencia respecto a la simple
cooperación, por lo cual en muchos casos será necesario
agotar una primera etapa de carácter intergubernamental,
en una suerte de preparación de los países involucrados,
para posteriormente lograr la verdadera comunidad de
Estados de índole supranacional, regida por una organización común a través de normas dictadas por ésta que regu-
larán las materias y las situaciones del proceso.

En este orden de ideas, es indudable que las llamadas organizaciones supranacionales, como hemos visto,
tienen características diferentes a las estructuras institucio-

nales tradicionales generadas por los convenios de cooperación internacional, que hacen considerar a esta nueva realidad internacional como el origen de un nuevo derecho, que por ser generado por comunidades de Estados se ha llamado Derecho Comunitario.

Pero no se queda allí el artículo 153 de la Constitución de 1999. Continúa el mismo diciendo seguidamente que como consecuencia de los procesos de integración de carácter supranacional, "[l]as normas que se adopten en el marco de los acuerdos de integración serán consideradas parte integrante del ordenamiento legal vigente y **de aplicación directa y preferente en la legislación interna**".

Esta última afirmación destacada en negrillas, es una de las consideraciones jurídicas más importantes que se han hecho en Venezuela en las últimas décadas y que ha dado lugar a una de las polémicas más conflictivas que se hayan producido en el ámbito jurídico venezolano ya que para muchos era inconcebible, además de que para éstos nuestra anterior Ley Fundamental no lo permitía, que una decisión no emanada del Poder Público interno pudiera ser aplicada directamente y en forma inmediata en el ordenamiento jurídico venezolano, sin tener que pasar por los tradicionales filtros u operaciones de transformación, aceptación, recepción, conversión o incorporación que ortodoxamente se había exigido a los actos de organismos internacionales, lo que, sin embargo, ya para los monistas del Derecho Internacional no era necesario en gran cantidad de supuestos, como quedaba retratado en el artículo 128 de la Constitución de 1961 y se mantiene en el artículo 154 de la nueva Constitución venezolana.

No obstante, tales formalidades establecidas en el actual artículo constitucional 154 (antes 128) deben seguirse cumpliendo, no sólo para los tratados constitutivos y sus modificaciones de los procesos de integración supranacional en los que Venezuela participe, sino también para los tratados y los actos de carácter internacional adoptados en procesos de integración que no sean propiamente supranacionales, es decir, en los que no se haya atribuido el ejercicio de competencia alguna a una organización internacional sino que sea de las que actúan exclusivamente a través de órganos intergubernamentales, esto es, constituido por representantes de los Estados o simplemente cuando sean éstos los que decidan por unanimidad o consenso, independientemente de si hay o no una organización internacional con personalidad jurídica propia.

En efecto, de acuerdo con el artículo 154 de la Constitución de 1999, "[l]os tratados celebrados por la República deben ser aprobados por la Asamblea Nacional antes de su ratificación por el Presidente de la República, a excepción de aquellos mediante los cuales se trate de ejecutar o perfeccionar obligaciones preexistentes de la República, aplicar principios expresamente reconocidos por ella, ejecutar actos ordinarios en las relaciones internacionales o ejercer facultades que la ley atribuya expresamente al ejecutivo nacional".

No hace el citado artículo 154 ninguna distinción entre el tipo de tratados sometidos a aprobación legislativa. La diferencia está en que si el tratado de integración no implica la atribución del ejercicio de competencias a una organización internacional, será necesaria su aprobación legislativa antes de su ratificación y luego durante su ejecución pudiera suceder que sean necesarias posteriores aprobaciones legislativas adicionales si se considera que alguno de los actos de desarrollo del tratado constituye en sí mismo nuevos tratados o normas de Derecho Internacional, aunque el mismo artículo 154 de la Constitución permite que los tratados mediante los cuales se trate de ejecutar o perfeccionar obligaciones preexistentes de la República o ejecutar actos ordinarios de las relaciones internacionales estén exceptuados de la aludida aprobación legislativa.

En cambio, cuando se trata de tratados en los que el Ejecutivo Nacional atribuya el ejercicio de competencias nacionales a una organización internacional basta la aprobación legislativa del tratado-marco principal, para luego sus actos de ejecución en todos los casos, dice expresamente el artículo 153 *ejusdem*, tendrán aplicación directa, primacía sobre el derecho nacional en caso de conflicto y formarán parte del ordenamiento "legal" vigente en todos los casos, sin que pueda pretender la Asamblea Nacional, como sí puede hacerlo en los tratados no supranacionales, que sus actos de desarrollo requieran adicionalmente aprobaciones legislativas.

Como puede verse, hay una pequeña diferencia, que en los hechos puede convertirse en grande, entre la ejecución de tratados de Derecho Internacional y los que implican la generación de Derecho Comunitario ya que en los primeros muy probablemente serán necesarias más aprobaciones legislativas en su ejecución que en los segundos, en los que por regla general no serán indispensables tales aprobaciones, salvo que se modifiquen los tratados constitutivos originales.

Si a esto último agregamos que, según la extinta Corte Suprema de Justicia, es constitucional que el también desaparecido Congreso de la República (ahora Asamblea Nacional) pueda establecer en sus leyes aprobatorias reservas para la aplicación de normas de los tratados internacionales, como lo dijo en sentencia de la Sala Plena del mes de julio de 1990 (caso *Andueza*)[6], obviamente la ejecución de los tratados de Derecho Internacional pueden te-

---

[6] Sobre esta sentencia, pueden verse los trabajos de Suárez Mejías, Jorge Luis, "Los principios rectores del Derecho Comunitario europeo en el Acuerdo de Cartagena", *Revista de la Facultad de Ciencias Jurídicas y Políticas*, N° 100, Universidad Central de Venezuela, Caracas, 1999 y del mismo autor "La relación del Derecho Comunitario con los derechos nacionales: diez años después (caso *LAVE*)", *Derecho Administrativo Iberoamericano. Libro Homenaje a los 25 Años de la Especialización en Derecho Administrativo de la UCAB*, Tomo II, Editorial Paredes, Caracas, 2007.

ner más obstáculos en su ejecución, pese a lo que decía el artículo 128 de la antigua Carta Magna, que los convenios internacionales que constituyen comunidades de Estados y generan, en consecuencia, Derecho Comunitario.

Es bueno aclarar que este último artículo era aplicable en aquella época a todos los tratados internacionales sin distinciones porque no había diferencia entre los tratados que podían generar estrictamente sólo Derecho Internacional de los que generan Derecho Comunitario, inclusive de los de Derechos Humanos, ahora todos perfectamente diferenciados en la Constitución venezolana (arts. 23, 153 y 154).

Ciertamente, durante muchos años los miembros del antiguo órgano legislativo nacional ni los funcionarios que realizaban sus actividades en la Administración Pública venezolana, ni los jueces de la República, diferenciaban, porque tampoco lo hacía claramente la Constitución, entre actos de una organización comunitaria, externa al Estado venezolano, que debían tener aplicación inmediata y directa en el ámbito jurídico interno, inclusive sobre los propios ciudadanos, sin la participación de autoridades nacionales y que, además, pudiera tener primacía sobre normas nacionales en caso de conflicto. Para muchos ello era inconcebible y para evitarlo se inventaron multitud de artilugios y argumentos jurídicos que lamentablemente perjudicaron la puesta en práctica de único proceso de este tipo en el que Venezuela ha participado: la Comunidad Andina[7].

---

[7] Como ejemplo de los obstáculos que tuvo en Venezuela el Derecho Andino y sus principios comunitarios de aplicación directa en los Estados y primacía frente al derecho nacional puede verse la sentencia de la Sala Plena de la antigua Corte Suprema de Justicia venezolana, del mes de julio de 1990, por medio de la cual declaró la constitucionalidad, con una exigua mayoría de ocho votos contra siete, de la Ley Aprobatoria del Protocolo Modificatorio del Tratado de Creación

Hoy afortunadamente el artículo 153 de la Constitución de 1999 no solamente establece los principios rectores del Derecho Comunitario de aplicación directa y de primacía de este derecho sobre las normas nacionales que pudieran obstaculizar sus efectos, sino que también dispone que este derecho forma parte integrante del ordenamiento "legal" vigente, lo que es muy importante porque, aunque discutible en el Derecho Comunitario europeo, la Constitución venezolana va más allá y de una forma clara deja establecido que las normas generadas en el ámbito comunitario no deben considerarse como distintas o ajenas a las nacionales, como tradicionalmente se había hecho respecto al Derecho Internacional, sino que el Derecho Comunitario forma parte integrante de por sí del derecho venezolano desde el momento de su emanación por la organización, de acuerdo con los mecanismos establecidos en los tratados constitutivos de la comunidad, sin necesidad

---

del Tribunal de Justicia del Acuerdo de Cartagena, éste del año 1988, que estableció una reserva de no permitir la aplicación directa del Derecho Andino establecida en este tratado y exigir ley aprobatoria a las Decisiones andinas que modificaran el ordenamiento jurídico venezolano, lo cual consideró inconstitucional el Maestro José Guillermo Andueza, primer magistrado venezolano en el Tribunal de Justicia de la hoy Comunidad Andina (1984-1986), entre otras razones por invadir competencias del Presidente de la República que, según la Constitución venezolana vigente entonces y en la actual, es quien tiene la facultad de decidir sobre las relaciones internacionales de la República, motivo por el cual interpuso este recurso contra la mencionada ley aprobatoria, que fue declarado sin lugar. Sin embargo, pese a esta decisión, muy débil por lo demás por la mayoría mínima con la que contó, el Gobierno venezolano, presidido entonces por el Sr. Carlos Andrés Pérez, estableció como política interna, acatando los tratados andinos, que las Decisiones de la hoy CAN bastaba publicarlas en *Gaceta Oficial* venezolana para ser aplicadas nacionalmente, sin ley aprobatoria del Congreso Nacional.

de tener que hacerse procedimientos adicionales de recepción o conversión para que tales normas tengan vigencia y validez en el país.

Por otro lado, pareciera haberle dado el artículo 153 el rango de ley al Derecho Comunitario, independientemente de la forma que tenga a nivel interno en la comunidad, al decir que formará "parte integrante del ordenamiento **legal** vigente". Sin embargo, esta percepción podría cambiar si entendemos esta expresión "legal" en sentido amplio, como a veces suele hacerse, no en sentido estricto del término, para incluir en ella a todo el ordenamiento jurídico, sin tomar en cuenta su forma, incluyendo la Constitución.

No obstante, la nueva norma constitucional venezolana aparentemente y si nos guiamos por lo literal, se ha quedado corta ya que limitó el principio de primacía del Derecho Comunitario a la legislación interna y no frente a la propia Constitución, lo que en la Unión Europea constituye un presupuesto sustancial para su funcionamiento.

Sin embargo, todo hay que decirlo, este principio de primacía, entendido así de esta forma tan amplia, en Europa ha tenido problemas de aplicación, especialmente por las severas críticas que han hecho los tribunales constitucionales de varios Estados miembros, concretamente cuando de derechos fundamentales se trata. Pero de la misma forma, la amplitud de este principio en Venezuela dependerá de la extensión con que se entienda la expresión utilizada por el constituyente[8].

---

[8]   Ciertamente, uno de los grandes temas discutidos en la Unión Europea es este referido al alcance del principio de primacía del Derecho Comunitario frente a las Constituciones de los Estados miembros, lo que generó que algunos Tribunales Constitucionales reaccionaran frente a normas comunitarias que desconocían principios fundamentales de las Constituciones. Es en el fondo el enfrentamiento del

I.   EL ARTÍCULO 153[9]

En concreto, en lo que respecta a la integración regional, tenemos ahora en la Constitución venezolana de 1999 una norma muy importante –el artículo 153-, entre otras, inexistente en la Constitución de 1961, que, independientemente de la aplicabilidad a la vez en estos casos del artículo 154 (antes 128 constitucional), que regula las formas mínimas de los tratados internacionales para ser ratificados y tener eficacia, separa el mundo de la integración regional de la estricta cooperación internacional y de los derechos humanos, aunque todo ello pueda coexistir en una misma experiencia internacional.

---

principio comunitario de primacía con el de supremacía constitucional que defienden los Tribunales Constitucionales, lo cual ha tenido que resolverse con la constitucionalización del Derecho Comunitario y por otro lado la comunitarización del Derecho Constitucional, estableciéndose vasos comunicantes entre ellos y respetarse mutuamente los principios generales comunes del Derecho y los derechos fundamentales, de manera de evitar que cada derecho esté en compartimientos estancos, como si uno y otro no tuvieran una relación de origen y base jurídica.

[9]   Para más detalles sobre este artículo constitucional, véase del mismo autor del presente trabajo "El artículo 153 de la Constitución venezolana: un gran avance frente a un severo retroceso", *Revista de Derecho Público*, N° 110, Editorial Jurídica Venezolana, Caracas, 2007; "La Constitución venezolana y el Derecho Comunitario", *El Derecho Público a comienzos del siglo XXI. Estudios en Homenaje al Profesor Allan R. Brewer-Carías.* Tomo I, Cívitas Ediciones, Madrid, 2003; y "La Integración Regional y la Constitución de 1999", *Estudios de Derecho Administrativo. Libro Homenaje a Universidad Central de Venezuela. 20 Años Especialización de Derecho Administrativo,* Vol. II, Tribunal Supremo de Justicia, Caracas, 2001.

Por esto, a los fines de su regulación y efectos, en la actualidad para la Constitución venezolana es muy importante determinar, como haremos con el MERCOSUR en el presente trabajo, si un tratado internacional es: 1) de verdadera integración regional; 2) o si se trata de otros aspectos como los mencionados, para los cuales se tiene prevista otra regulación concreta (arts. 23 –derechos humanos- y 154/155 –cooperación internacional-).

A su vez, el artículo 153, que debió separarse en dos artículos o al menos en dos párrafos, prevé dentro de la integración regional dos posibilidades con consecuencias jurídicas muy diferentes e intensas, como son:

1) los procesos de integración intergubernamental, que no se diferencian mucho en sus consecuencias jurídicas a la cooperación internacional;

2) la integración comunitaria (supranacional), que puede generar un nuevo derecho que es el Derecho Comunitario, con principios y características propios y distintos al Derecho Internacional.

El artículo 153 prevé, primero, una regulación general de la integración regional como fenómeno internacional para mejorar la calidad de vida de los pueblos, para luego, en segundo lugar, aunque no lo dice expresamente y es lo que consideramos debió ser objeto de una regulación especial en artículo o parágrafo aparte, prever una especial forma de integración regional que es la comunitaria, que aparte de ser tal, se conforma con la atribución de ejercicio de competencias nacionales a la organización internacional creada, lo cual generará Derecho Comunitario, de donde derivan dos principios fundamentales: la aplicación o efecto directo de sus normas y la primacía de éstas frente a los derechos nacionales en caso de conflicto, como lo reconoce el mismo artículo.

Pero además, el artículo 153 agregó otra consecuencia jurídica muy importante, como dijimos antes, cuando un tratado internacional prevé un proceso de integración regional de carácter supranacional: que las normas comunitarias forman parte del "ordenamiento legal vigente", por lo cual no podrá alegarse, como siempre se dice respecto al clásico Derecho Internacional, que debe ser objeto de transformación o conversión en derecho nacional para ser aplicable en cada país (teoría dualista), que es lo que parece decir el artículo 154, al menos en su parte general (no excepciones).

Esto último, aunque parezca un gran avance o una innovación que le da un plus al Derecho Comunitario en Venezuela, consideramos que confunde ambos derechos (el nacional y el comunitario), quitándole la autonomía a cada uno, sobre todo al segundo, porque el Derecho Comunitario no es, ni debe, ni necesita, convertirse en derecho nacional para ser aplicado o tener mayor eficacia en los Estados, como pretende hacerlo la parte final del artículo 153, ya que tiene sus propios mecanismos para imponerse y ser respetado, sin fusionarse con aquél, lo que más bien puede complicar las cosas para fines de su interpretación y cabal comprensión, sobre todo en lo referente a su rango jurídico[10].

En todo caso, así está previsto en la Constitución venezolana y habrá que hacer unas consideraciones especiales para que este artículo no lleve a cometer errores para la interpretación y aplicación del Derecho Comunitario y no termine por destruirlo finalmente, si aplicamos en su letra esta parte del artículo 153, como, por ejemplo, si entendemos que el Derecho Comunitario se convierte en derecho

---

[10] Si nos atenemos a la disposición constitucional *in comento* en esta parte como parecieran decirlos sus palabras y consideramos que el Derecho Comunitario es parte integrante del ordenamiento (interno) "legal" vigente, podría suceder que en caso de conflicto entre una norma comunitaria y una ley, ésta, si es especial, prevalezca sobre la norma comunitaria o que bajo el criterio de la temporalidad, una ley posterior derogue la norma comunitaria, lo que es inaceptable en Derecho Comunitario.

nacional, como pareciera decirlo el artículo *in comento* literalmente, entonces en casos de choques internos debemos aplicar los principios para dirimir conflictos en el derecho nacional a través de la jerarquía, la especialidad o la temporalidad, como principal consecuencia de esta situación.

Hacer esto último es alejado de las normas de interpretación del Derecho Comunitario porque entre éste y el derecho nacional no hay jerarquía ni subordinación de ninguno tipo, ni la especialidad y temporalidad tienen importancia porque no hay fusión entre esos derechos, como parece decirlo este artículo constitucional. Simplemente el Derecho Comunitario es un nuevo derecho que coexiste y debe convivir con el nacional en cada Estado para regular ciertas materias y situaciones, el cual, pese a su origen internacional, ya no es parte del Derecho Internacional, pero tampoco debe considerarse convertido o incorporado al derecho nacional para aplicarse pacíficamente, ni necesita serlo para ser interpretado correctamente en cada país sino que tiene sus principios propios para interrelacionarse con el derecho nacional sin necesidad de fundirse con éste, lo cual ha sido suficiente y claramente explicado por la doctrina y jurisprudencia europeas e inclusive ejemplarmente por el Tribunal de Justicia de la Comunidad Andina y varias Cortes Constitucionales latinoamericanas, como la colombiana.

Inclusive, si el conflicto entre una norma nacional y una comunitaria es definitivo, la que debe desaparecer, y no sólo desaplicada, del mundo jurídico es la nacional, aunque sea especial, posterior o "jerárquicamente superior", en criterios del derecho interno, ya que es obligación de los Estados miembros frente al Derecho Comunitario no solo aplicarlo directamente, sin obstáculos internos, sino también eliminar la norma nacional que obstaculice esta aplicación, si la hubiere, lo cual, como no lo puede hacer directamente la norma comunitaria ni la organización supranacional, debe hacerlo la autoridad nacional competente a través de la derogatoria, la anulación o revocatoria del acto nacional anticomunitario, todo lo cual no tiene nada que ver con los aludidos principios nacionales para dirimir conflictos normativos.

Por otro lado, al decir el artículo 153 de la Constitución venezolana que el Derecho Comunitario "forma parte integrante del ordenamiento **legal** vigente", quedó fuera de toda consideración en este artículo, si nos atenemos al significado estricto de "legal", la regulación de la relación del Derecho Comunitario con la propia Constitución en caso de conflicto ya que el artículo 153 en su segunda parte deja sentado, aunque con dudas, que cuando el conflicto se presentare entre aquél y el derecho nacional de rango legal o inferior es indudable que prevalece el Derecho Comunitario, aún con la contradicción que comentamos arriba sobre las formas de dirimir conflictos en derecho nacional.

Pero aquí la pregunta es: ¿qué pasaría y cómo debe resolverse el conflicto si éste conflicto jurídico se presentare entre el Derecho Comunitario y la propia Constitución, que ya no es "ordenamiento **legal** vigente"?

Por supuesto que si entendemos en su sentido estrictamente literal la parte final del artículo 153, la conclusión lógica en caso de conflictos en el derecho nacional entre normas legales y sublegales frente a la Constitución es que ésta nunca debe dejarse de lado y prevalece sobre las normas inferiores, en este caso el Derecho Comunitario, pero si entendemos este derecho como algo que no se funde con el derecho nacional sino que tiene autonomía frente a éste, la respuesta no es tan fácil e incluso pudiere entenderse, si aplicamos estrictos principios de Derecho Comunitario europeo, que no cede necesariamente éste frente a la Constitución en caso de conflicto, aunque suene esto inverosímil en el derecho nacional venezolano.

Por esto es un grave error de la Constitución venezolana en su artículo 153 haber dicho que el Derecho Comunitario "forma parte integrante del ordenamiento legal vigente" porque ello da lugar a erradas interpretaciones como esta que acabamos de decir y otras comentadas más arriba, lo que ya en Europa ha sido complicado, pese a que no se ha considerado el Derecho Comunitario como parte de los derechos nacionales sino que se le ha dado autonomía, pero es verdad que, en situaciones normales, en una situación como esa, entran en conflicto dos grandes principios jurídicos: la primacía del Derecho Comunitario, sin el cual no puede existir ni tener autonomía frente a los derechos nacionales y la supremacía de las Constituciones, impensable que no exista en los sistemas jurídicos nacionales.

La solución en Europa en este tema ha sido salomónica. En principio, se ha mantenido y aceptado que el Derecho Comunitario, cuando se habla de su primacía, no es solamente frente a las normas de rango legal o sublegal, como pudiere interpretarse en la Constitución venezolana, sino también frente a todo el derecho nacional, incluyendo las Constituciones, pero esto no quiere decir que el Derecho Comunitario cuando es emitido puede olvidarse de las leyes fundamentales internas y sus principios comunes. Con esto se ha logrado un acuerdo o consenso entre las instituciones y jurisdicciones comunitarias y las nacionales, sobre todo tribunales constitucionales, para que ambos ordenamientos jurídicos –separados y autónomos, uno no parte del otro- puedan convivir en armonía y paz.

Por esto último, el Derecho Comunitario ha sufrido un paulatino proceso de constitucionalización (afectación del Derecho Comunitario por el Derecho Constitucional o su adecuación a éste, al menos en el respeto y consideración de los principios generales constitucionales comunes en todos los Estados miembros) y las Constituciones a su vez han aceptado su comunitarización (a la inversa de lo anterior, aceptando ciertos principios comunitarios como propios), de manera que no se consideren ambos mundos –constitucional y comunitario- como separados o colocados en dos compartimientos estancos y sin interrelación entre sí, como si no tuvieran que ver el uno con el otro o uno no fuese la base del otro, lo cual ha permitido una mejor convivencia entre ambos, sin perjudicarse ninguno y sin necesidad de sacrificar alguno de los principios mencionados, lo que sería muy negativo para cualquiera de tales derechos.

II.   EL ARTÍCULO 73

La Constitución de 1999 ha previsto en este artículo que "[l]os tratados, convenios o acuerdos internacionales que pudieren comprometer la soberanía nacional o transferir competencias a órganos supranacionales, podrán ser sometidos a referendo por iniciativa del Presidente o Presidenta de la República en Consejo de Ministros; por el voto de las dos terceras partes de los o las integrantes de la Asamblea; o por el quince por ciento de los electores o electoras inscritos e inscritas en el registro civil y electoral".

Es decir, como sucede en otros supuestos, la Constitución venezolana pretende la participación de los ciudadanos venezolanos en la toma de decisiones en aspectos en los que no se había hecho hasta ahora, como es en la integración, lo que ha llevado, como hemos dicho, a que estos mecanismos no formen parte de la vida diaria del venezolano, no sean asumidos sus principios, ni se discuta abiertamente sobre el tema y lo que es más grave: no se conozcan las características, bondades y consecuencias de los procesos de este tipo.

Tampoco, por esta razón, se ha logrado que la integración sea considerada como política de Estado de manera que sea tomada en cuenta cuando cada rama del Poder Público deba adoptar sus decisiones, de acuerdo con las conveniencias del país ni para hacer la planificación del Estado.

Ahora bien, quizás por regular aspectos que sólo complementan la eficacia de la integración como figura de las relaciones internacionales, que no la esencia para existir en Venezuela, como lo dice el artículo 153 de la Constitución de 1999, el artículo 73 *ejusdem* tiene inconsistencias respecto a lo establecido en el primero de los artículos nombrados al utilizar expresiones como "comprometer la soberanía nacional" y "transferir competencias", esto como consideraciones para ser sometido un tratado internacional a un referendo.

Esto último, en nuestro criterio, constituye una contradicción respecto a las ideas constitucionales esbozadas en el artículo principal que regula la integración y la supranacionalidad en nuestra Ley Fundamental (art. 153), debido a que no es correcto afirmar que la integración, y aún la supranacionalidad, pueden realmente comprometer la soberanía del país ya que no puede considerarse que estos mecanismos produzcan una cesión o transferencia de ésta a la organización creada, como erradamente parece decirlo el mencionado artículo 73. Lo más que puede afirmarse en esta situación es que la integración o la supranacionalidad pueden limitar mayormente el ejercicio de competencias nacionales, pero en el fondo lo mismo puede suceder en los convenios de cooperación internacional tradicionales, aunque es innegable que aquélla da lugar a situaciones de más intensas limitaciones a los Estados, pero no pérdida o reducción de soberanía.

De allí que no luzca cónsono con la idea de integración, de acuerdo con los términos del artículo 153 de la Constitución, considerar que aquélla pueda "comprometer la soberanía nacional" y menos aún decir que puede dar lugar a una "transferencia de competencias", cuando el propio artículo 153, utilizando correctamente los términos que la definen, usa en lugar de "cesión o transferencia de competencias" como erróneamente hace el artículo 73 *ejusdem*, la figura de la "atribución del ejercicio de competencias".

Posiblemente la explicación a esta contradictoria situación entre estos dos artículos constitucionales pudiera estar en el origen de cada uno de ellos ya que aparentemente provienen de distintos proyectos en donde el artículo 153 resultó de una discusión donde se tomaron en cuenta conceptos mejor elaborados sobre los temas que involucra y que parecieran haber sido más acabadamente definidos que los que formaron las ideas del actual artículo 73 de la Carta Magna.

En todo caso, la intención del artículo 73, pese a sus imperfecciones terminológicas, es positiva porque permite la posibilidad de una mayor participación de los ciudadanos en la toma de decisiones públicas sobre este tema, para con ello generar una más amplia discusión de ciertos puntos, como la integración y la supranacionalidad que pudiera llevar implícita, lo cual no se ha hecho pese a haberse aprobado un artículo tan valioso como el comentado artículo 153, motivo por el cual no se ha medido en su justo alcance y medida la pertenencia en procesos de este tipo, como en una época sucedió con la Comunidad Andina, lo que influyó para que nuestro país incurriera en múltiples incumplimientos comunitarios, en gran parte por desconocimiento de la materia por parte de sus propios funcionarios y jueces, aun cuando Venezuela era uno de los países líderes desde que se comenzó a discutir su proyecto de nacimiento a mediados de los años sesenta entre los entonces Presidentes de Venezuela, Colombia y Chile, lo que dio lugar en 1969 al Pacto Andino, paradójicamente con la ausencia de Venezuela.

CAPÍTULO III

EL MERCADO COMÚN DEL SUR (MERCOSUR)

Como hemos visto, la integración regional puede tener varias etapas. En algunas de ellas puede haber solamente intergubernamentalidad, como puede ser en las zonas de preferencias arancelarias, las áreas de libre comercio y para algunos, las uniones aduaneras. En otras fases, como el mercado común, la moneda única o la unión económica, sin descartar que pueda hacerse antes, parece ser necesario que los Estados atribuyan el ejercicio de ciertas competencias propias a la organización creada, por lo que es solo a partir de allí que se puede considerar que existe una verdadera comunidad de Estados, en el sentido estricto del término, que, en consecuencia, genere Derecho Comunitario, para que la organización adquiera independencia frente a los gobiernos en la realización de sus actividades.

En pocas palabras, la integración puede ser intergubernamental o supranacional (comunitaria). Lo importante en esta forma de entendimiento internacional son las metas propuestas, las cuales deben ser ambiciosas, con compromisos profundos y sostenidos, con un proceso que no se agota en una fase indefinida sino que requiere de una evolución a largo plazo para lograr el tan ansiado nuevo espacio territorial que permita la libre circulación de bienes, servicios, personas y capitales y el derecho a establecimiento (mercado común).

En el caso concreto del Mercosur, el Tratado de Asunción, su base fundacional, desde sus considerandos iniciales tiene presente que lo que pretende es algo más allá que un convenio de cooperación al decir que la integración es una condición fundamental para acelerar los procesos de desarrollo económico con justicia social de los países y que este tratado debe ser considerado como un nuevo avance en el esfuerzo tendiente al desarrollo en forma progresiva de América Latina.

Es por ello por lo que el artículo 1 del Tratado de Asunción deja sentado que los Estados parte deciden constituir un mercado común, que en principio debía haber estado conformado para el 31 de diciembre de 1994, denominado Mercado Común del Sur (Mercosur). Este mercado común implica, según el mismo artículo, la libre circulación de bienes, servicios y factores productivos entre los países, a través, entre otros, de la eliminación de los derechos aduaneros y restricciones no arancelarias a la circulación de mercaderías y de cualquier otra medida equivalente, así como el establecimiento de un arancel externo común y la adopción de una política comercial común en relación a terceros Estados o agrupaciones de Estados y la coordinación de posiciones en foros económico-comerciales, regionales e internacionales.

Este tratado también tiene prevista la coordinación de políticas macroeconómicas y sectoriales entre los Estados parte: de comercio exterior, agrícola, industrial, fiscal, monetaria, cambiaria y de capitales, de servicios, aduanera, de transportes y comunicaciones, y otras que se acuerden, a fin de asegurar condiciones adecuadas de competencia entre ellos; y el compromiso de los Estados parte de armonizar sus legislaciones en las áreas pertinentes, para lograr el fortalecimiento del proceso de integración.

Ahora bien, en el estado actual de las cosas, el Mercosur, a partir del 1° de enero de 1995, tras los acuerdos de Ouro Preto, se ha constituido en una unión aduanera a través de una serie de reglas necesarias que tratan de llevar a cabo la liberalización del comercio intra-Mercosur, como son un arancel externo común, una política externa común y la coordinación de políticas macroeconómicas.

Sin embargo, la unión aduanera del Mercosur ha sido catalogada como "imperfecta" porque el desmantelamiento de barreras al comercio entre sus Estados partes viene siguiendo un sistema diferenciado debido a la asimetría de los países miembros. De acuerdo con el Tratado, el arancel '0' debería haberse alcanzado el 31 de diciembre de 1994, pero en agosto de este último año se convino que una lista de productos sensibles alcanzaran la meta de arancel '0' cuatro años más tarde: en el caso de Brasil y Argentina, con plazo hasta el 1 de enero de 1999, y cinco años más tarde en el caso de *Uruguay y Paraguay* (hasta el 1 de enero del 2000).

Por lo que se refiere a las restricciones no arancelarias, conviene señalar que, si bien la mayor parte de las restricciones cuantitativas (cupos y cuotas) fueron eliminadas antes del 31 de diciembre de 1994, quedaron otras por armonizar referidas a sanidad vegetal y animal, normas técnicas, protección al medio ambiente y seguridad.

Respecto a la adopción del arancel externo común, aunque el promedio ponderado del mismo acordado por los cuatro países podía ser inferior a los que se aplicaban con anterioridad, en ciertos productos la adopción del arancel externo común supuso para algunos Estados parte un aumento de las tarifas a la entrada de productos originarios de terceros países. El arancel externo común oscilaba entre el 0 y el 20 por ciento. Pero tampoco es éste un instrumento sobre el que hubo entera armonía. El sector automotriz, primer sector industrial de la región, se halló excluido de las normas comunes y el régimen definitivo se dejó para el año 2005. Tampoco el azúcar siguió normas comunes.

Por otra parte, el arancel externo común para los bienes de capital sólo lo alcanzarían Argentina y Brasil en el año 2001 y Paraguay y Uruguay en el 2006. Igual pasaría con los equipos de informática y telecomunicaciones (tendrían un arancel externo común del 16 por ciento), que sólo llegarían a aplicarlo en el año 2006 los cuatro países. A esto hay que añadir las excepciones de carácter particular que cada país tiene admitidas. Los aranceles para estos productos podían llegar hasta el 35 por ciento, excepto en Brasil, que tiene admitido un tope del 70 por ciento.

Además del monto del arancel externo común, los Estados parte han acordado normas comunes de aplicación, tanto en lo que se refiere al código aduanero como a las normas de despacho, normas de valoración y tratamiento de equipajes, así como a las reglas de origen que, salvo casos específicos, establecen un contenido local del 60 por ciento para que el producto sea calificado como originario del Mercosur. No obstante, todavía subsisten regímenes particulares para algunos productos como los precios mínimos para los textiles.

Respecto a la elaboración de una política comercial común, al más puro estilo europeo, el Mercosur ha desarrollado también su particular comitología, esto es, diversos comités se ocupan de aranceles, nomenclatura, clasificación de mercancías, asuntos aduaneros, normas de origen, zonas francas, incentivos a las exportaciones, políticas públicas, defensa de la competencia, prácticas desleales, salvaguardias, defensa del consumidor, medidas no arancelarias, así como de otros temas de carácter sectorial como es el sector automotriz, el textil y el azucarero.

En relación con la coordinación de políticas macroeconómicas, aunque figura como objetivo a cumplir como ya vimos, no puede decirse que exista actualmente una verdadera coordinación de políticas macroeconómicas, haciendo excepción de la política comercial. Incluso ésta se resiente a veces de la adopción individual y sin consulta previa de restricciones comerciales y de otro tipo de medidas macroeconómicas que inciden directamente sobre los flujos de comercio intra-Mercosur (medidas cambiarias, depósitos previos a la importación, limitaciones a la financiación de importaciones, etc.), cuyo efecto se deja sentir más cuando el que las adopta es Brasil o Argentina.

Como puede verse, se trata -el Mercosur- de un convenio internacional con unos objetivos bastante ambiciosos, aunque con muchos problemas por resolver, que no pueden lograrse ni solucionarse en un corto o mediano plazo como se creía en un principio y mucho menos con una simple política de colaboración intergubernamental entre los países participantes donde la simpatía ideológica influye mucho. Ello sólo puede lograrse con una sucesión de etapas muy importantes, con un reforzamiento institucional, todo lo cual muy probablemente terminará en algo mucho más complejo de lo que el Tratado de Asunción y el Protocolo de Ouro Preto han establecido en sus artículos, con una finalidad última: la integración subregional.

Así las cosas, el Mercosur tiene como fin constituir un mercado común, para lo cual es necesario un período transitorio, que en un principio terminaba el 31 de diciembre de 1994 pero que se ha extendido en el tiempo y es un proceso que está actualmente en fase de unión aduanera desde el 1 de enero de 1995, la cual ha sido catalogada como imperfecta porque todavía no se ha establecido un arancel externo común uniforme para todos los Estados parte. En todo caso, el Mercosur se encuentra en una etapa importante, todavía regida casi enteramente por técnicas intergubernamentales, en la que hace ya varios años se comienza a ver la necesidad de la constitución de órganos supranacionales, lo cual muy probablemente ocurra cuando finalmente se cree el mercado común, aunque en nuestro criterio debería ser antes.

En este orden de ideas, con el Mercosur nos encontramos con un convenio internacional que establece un proceso de integración subregional ya que tiene objetivos muy ambiciosos en un plazo de tiempo amplio, como es el mercado común y que no pretende estancarse en las etapas iniciales de la zona de libre comercio y las preferencias arancelarias puras y simples, sino que éstas constituyeron el comienzo de un proceso que todavía le falta mucho camino por recorrer y que aunque sus dirigentes hacen imposibles equivalencias con la Unión Europea, cada vez se parece menos a ésta y para lograr ello de verdad requerirá de una evolución sensata a través del agotamiento de distintas etapas, incluyendo la supranacionalidad, lo cual ha quedado demostrado con el hecho de que se planeó crear el mercado común rápidamente -el 1 de enero de 1995- y lo más que se ha logrado es una unión aduanera imperfecta que sigue sin perfeccionarse.

En la actualidad, este proceso de integración regional todavía está mayormente regido en sus decisiones y actos jurídicos por técnicas intergubernamentales, pese a encontrarse en la etapa de unión aduanera, pero que debería convertirse en un verdadero proceso de integración supranacional o comunitario, vista la urgente necesidad de creación de órganos con autonomía e independencia de los Estados parte, incluyendo un Tribunal de Justicia de carácter judicial, con un procedimiento completamente jurisdiccional (no arbitral) que le permita actuar sobre los Estados parte cuando sea necesario, constituido este tribunal por verdaderos jueces independientes, que sea de jurisdicción obligatoria, con la posibilidad de que los particulares puedan acceder directamente a él como si fuera un tribunal nacional.

I.   LA NATURALEZA JURÍDICA DEL MERCOSUR

Son muchas las cosas que se han dicho sobre la naturaleza jurídica de este importante proceso de integración suramericano, hasta el punto de que lo han comparado con la Unión Europea. Por ello debemos intentar aproximarnos a la verdadera esencia de esta organización analizando los aspectos que nos pueden decir si es realmente una comunidad de Estados (supranacional) o sigue siendo una más de las organizaciones internacionales tradicionales, aunque dedicada a un proceso de integración, sin que esto quiera decir que no sea importante porque nótese que haremos un estudio desde el punto de vista estrictamente jurídico, por lo que económicamente la situación puede ser otra en lo que se refiere a su estatus y alcance.

Para saber si el Mercosur es un proceso de integración comunitario o si, por el contrario, es un tratado de cooperación intergubernamental debemos analizar:

a) Su estructura institucional con su funcionamiento, de manera de ver si hay en el Mercosur órganos independientes de los Estados parte, que pueden actuar con autonomía o, a diferencia de lo anterior, sus órganos son todos intergubernamentales a través de los cuales los gobiernos deciden los distintos aspectos involucrados en el proceso, actuando conjuntamente en la organización.

b) La incidencia del derecho generado por la organización Mercosur en la esfera jurídica de los ciudadanos de los países participantes, de manera de ver si existe inmediatez en la efectividad de sus normas y actos respecto a los derechos de los Estados o deben incorporarse expresamente a éstos por actos nacionales para ser aplicables internamente.

c) La existencia de coacción de la organización sobre los Estados parte para hacerlos cumplir sus decisiones, que es justamente de lo que más carecen las organizaciones internacionales clásicas y que fue lo que se quiso atacar con la presencia del atributo de la supranacionalidad en las experiencias integradoras, concretamente la europea.

d) Si la organización creada por los países del Mercosur tiene autonomía financiera, es decir, si puede constituir y administrar su propio patrimonio con independencia de los países participantes a través de ingresos propios o, por el contrario, la organización depende exclusivamente de los aportes de los Estados parte.

e) La posibilidad de retiro unilateral de la organización de algún país participante en el Mercosur, lo cual no ha sucedido hasta ahora desde 1991, año de su creación entre Brasil, Argentina, Uruguay y Paraguay. Más bien, se ha ampliado con la incorporación como miembro de pleno derecho de Venezuela y Bolivia está en proceso de adhesión.

1. *La estructura institucional del Mercosur y su funcionamiento*

El artículo 1° del Protocolo Adicional del Tratado de Asunción sobre la Estructura Institucional del Mercosur o Protocolo de Ouro Preto (POP) enumera los siguientes órganos:

a) El Consejo del Mercado Común (CMC);

b) El Grupo Mercado Común (GMC);

c) La Comisión de Comercio del Mercosur (CCM);

d) La Comisión Parlamentaria Conjunta (CPC);

e) El Foro Consultivo Económico Social (FCES);

f) La Secretaría Administrativa del Mercosur (SAM).

Posteriormente, la Comisión Parlamentaria Conjunta fue sustituida por el Parlamento del Mercosur (Parlasur), creado por protocolo constitutivo de fecha 9 de diciembre de 2005; la Secretaría Administrativa fue convertida en Secretaría a secas, ya que no sólo es administrativa sino también técnica y se creó el Tribunal Permanente de Revisión del Mercosur (TPR), creado por Protocolo de Olivos de Solución de Controversias del Mercosur de 2002.

Con las modificaciones anteriores a su estructura original se quiso corregir la excesiva presencia gubernamental del Mercosur y aunque bienvenidas estas modificaciones, sigue sin haber en el Mercosur un órgano verdaderamente independiente de los Estados parte y aunque ahora está presente un nuevo tribunal, aparentemente de mayor importancia, sin embargo sigue sin ser un órgano verdaderamente judicial, con funciones jurisdiccionales propias y obligatorias, sino que es un tribunal arbitral que se constituye cuando es necesario dictar un laudo, no sentencias propiamente dichas y sin acceso a él de los particulares.

El artículo 2 del POP dispone que son órganos con capacidad decisora, de naturaleza intergubernamental expresa: el Consejo del Mercado Común, el Grupo Mercado

Común y la Comisión de Comercio del Mercosur. El estudio de éstos es lo que justamente nos va a servir para determinar la naturaleza jurídica del Mercosur ya que el resto de los órganos son de apoyo o de tipo consultivo.

A.   *El Consejo del Mercado Común*

De acuerdo con el artículo 3° POP, el Consejo del Mercado Común es el órgano superior del Mercosur, "al cual incumbe la conducción política del proceso y la adopción de decisiones para asegurar el cumplimiento de los objetivos y plazos establecidos por el Tratado de Asunción y para alcanzar la constitución final del mercado Común".

El artículo 9° POP establece que el Consejo del Mercado Común se pronunciará mediante Decisiones, que serán obligatorias para los Estados parte. Esta última expresión del POP ha querido interpretarse como el establecimiento velado del principio de efecto, eficacia o aplicabilidad directa de las normas comunitarias, cuando en realidad el hecho de que las normas sean obligatorias, no significa necesariamente que ellas se apliquen directamente o sean supranacionales. Lo que realmente existe en el Mercosur, como en todo proceso o tratado internacional, es la obligación de los Estados parte de internar el derecho dimanado de sus órganos o hacer todas las gestiones necesarias para que ello ocurra porque en puridad se trata de una organización intergubernamental.

Es posible que una disposición derivada de un convenio de cooperación intergubernamental sea obligatoria, entendida como la vinculación de cada país de cumplirla y de realizar el procedimiento necesario para que los actos y normas emanadas de la organización tengan aplicación en ellos, tal como lo sostienen los dualistas, proceso éste que para los fines del Mercosur está regulado en el artículo 40 POP.

El Consejo del Mercado Común es un órgano de alto nivel, jerárquicamente superior al resto, que está integrado por los Ministros de Relaciones Exteriores y Ministros de Economía, o sus equivalentes, de los Estados parte y se reúne las veces que estime oportuno, debiendo hacerlo por lo menos una vez al año con la participación de los Presidentes de los Estados parte (artículo 6 POP). Su Presidencia se ejerce por rotación de los Estados parte y en orden alfabético por períodos de seis meses y las reuniones del Consejo serán coordinadas por los Ministros de Relaciones Exteriores y podrán ser invitados a participar en ellas otros Ministros o autoridades de nivel ministerial (artículo 7 POP).

El Consejo del Mercado Común adopta sus decisiones por consenso y con la presencia de todos los Estados partes (artículo 37 POP), no por mayoría de ningún tipo, lo cual es un rasgo típico de intergubernamentalidad, como lo es también la unanimidad, ya que no puede adoptarse, y mucho menos imponerse, ninguna decisión en la que esté en desacuerdo algún Estado parte. Al haber desacuerdo, aunque sea minoritario, simplemente la decisión no se adopta, todo lo cual, junto con que los miembros que lo conforman son los Ministros de Relaciones Exteriores y de Economía de los Estados parte -representantes de los Estados que velan por sus intereses-, que carecen en consecuencia de independencia y autonomía de los Estados, además de la materia de la que se ocupa -la conducción política del proceso-, hace sostener que no hay dudas de que se trata de un órgano de naturaleza intergubernamental.

En efecto, el consenso significa, a diferencia de la unanimidad, en la que se requiere el voto afirmativo de todos los participantes, que en la decisión que se adopte no haya ningún desacuerdo expreso, lo que la hace muy parecida a la unanimidad y generalmente no se somete la decisión a votación sino la verificación de que no hay oposición alguna. Como mucho sólo puede haber abstención.

En el consenso puede ocurrir que un Estado no está totalmente convencido de una decisión, pero piensa que su desacuerdo no es suficiente para impedir la misma votando en contra, siempre que no sea obligado a votar, por lo cual prefiere la abstención y con esto se facilita la adopción de la decisión, que cuando se requiere unanimidad, si el Estado insiste en sus reservas, se verá obligado a votar en contra e impediría la adopción de la decisión.

Son funciones y atribuciones del Consejo del Mercado Común las siguientes (artículo 8 POP):

a) velar por el cumplimiento del Tratado de Asunción, de sus Protocolos y de los acuerdos firmados en su marco;

b) formular políticas y promover las acciones necesarias para la conformación del mercado común;

c) ejercer la titularidad de la personalidad jurídica del Mercosur, que es otorgada a esta organización por el Protocolo de Ouro Preto en su artículo 34;

d) negociar y firmar acuerdos, en nombre del Mercosur, con terceros países, grupos de países y organismos internacionales. Dichas funciones podrán ser delegadas por mandato expreso al Grupo Mercado Común;

e) pronunciarse sobre las propuestas que le sean elevadas por el Grupo Mercado Común;

f) crear reuniones de ministros y pronunciarse sobre los acuerdos que le sean remitidos por las mismas;

g) crear los órganos que estime pertinentes, así como modificarlos o suprimirlos;

h) aclarar, cuando lo estime necesario, el contenido y alcance de sus Decisiones;

i) designar al Director de la Secretaría Administrativa del Mercosur;

j) adoptar Decisiones en materia financiera y presupuestaria;

k) homologar el Reglamento Interno del Grupo Mercado Común.

Como podemos ver, el Consejo del Mercado Común es un órgano de carácter político, de naturaleza indudablemente intergubernamental, por estar conformado por representantes de los Estados parte, quienes no tienen independencia frente a éstos.

El Consejo del Mercado Común adopta sus decisiones por consenso, por lo que no es posible que este órgano pueda dictar una decisión habiendo una minoría de sus miembros en desacuerdo, esto es, no puede actuar independientemente de la voluntad de sus miembros que representan a los Estados, lo que es una manifestación de que no ha ocurrido atribución alguna del ejercicio de competencias nacionales sino que se trata de un órgano en el que los Estados actúan colaborando entre sí en ejercicio de sus soberanías, que mantienen intactas.

B. *El Grupo Mercado Común*

El Grupo Mercado Común es el órgano ejecutivo del Mercosur. Está integrado por cuatro miembros titulares y cuatro miembros alternos por país, designados por los respectivos gobiernos, entre los cuales debe constar obligatoriamente representantes de los Ministerios de Relaciones Exteriores, de los Ministerios de Economía o equivalentes y de los Bancos Centrales.

Este órgano tiene la facultad de iniciativa para las medidas concretas para el avance de la integración y puede convocar, cuando lo juzgue conveniente, a representantes de otros órganos de la Administración Pública o de la estructura institucional del Mercosur. Se reúne de manera ordinaria o extraordinaria, tantas veces como fuere necesario, en las condiciones establecidas en el Reglamento Interno.

De acuerdo con el POP (artículo 14), sus funciones y atribuciones son las siguientes:

a) velar, dentro de los límites de su competencia, por el cumplimiento del Tratado de Asunción, de sus protocolos y acuerdos firmados en su marco;

b) tomar las providencias necesarias para el cumplimiento de las Decisiones adoptadas por el Consejo;

c) proponer proyectos de Decisión al Consejo del Mercado Común;

d) fijar programas de trabajo que aseguren avances para el establecimiento del "Mercado Común";

e) crear, modificar o suprimir órganos tales como subgrupos de trabajo y reuniones especializadas, para el cumplimiento de sus objetivos;

f) manifestarse sobre las propuestas o recomendaciones que le fueren sometidas por los demás órganos del Mercosur en el ámbito de sus competencias;

g) negociar, con la participación de representantes de todos los Estados partes, por delegación expresa del Consejo del Mercado Común y dentro de los límites establecidos en mandatos específicos concedidos con esa finalidad, acuerdos en nombre del Mercosur con terceros países, grupos de países y organismos internacionales.

El Grupo Mercado Común, cuando disponga de mandato para tal fin, procederá a la firma de los mencionados acuerdos y cuando sea autorizado por el Consejo del Mercado Común, podrá delegar los referidos poderes a la Comisión de Comercio del Mercosur;

h) aprobar el presupuesto y la rendición de cuenta anual presentada por la Secretaría Administrativa del Mercosur;

i) adoptar Resoluciones en materia financiera y presupuestaria, basado en las orientaciones emanadas del Consejo;

j) someter al Consejo del Mercado Común su Reglamento Interno;

k) organizar las reuniones del Consejo del Mercado Común y preparar los informes y estudios que éste le solicite;

l) elegir al Director de la Secretaría Administrativa del Mercosur;

m) supervisar las actividades de la Secretaría Administrativa del Mercosur;

n) homologar los Reglamentos Internos de la Comisión de Comercio y del Foro Consultivo Económico-Social.

Los actos en el seno del Grupo Mercado Común se adoptan por consenso y con la presencia de todos los Estados parte (artículo 37 POP) y se les denominan Resoluciones, distinguiéndolas así de las Decisiones del Consejo, las cuales serán obligatorias para los Estados parte (artículo 15 POP).

Por lo anterior y estando integrado el Grupo Mercado Común por representantes de los organismos estatales nacionales mencionados, designados por los gobiernos de los Estados parte -los miembros velan por los intereses de los países que representan-, coordinados además por los Ministros de Relaciones Exteriores -los miembros de este órgano no actúan con independencia de sus países y no tienen autonomía decisoria-, y adoptan sus decisiones por consenso, debemos concluir que el Grupo Mercado Común es un órgano de carácter intergubernamental porque no puede actuar con independencia de sus miembros que representan a los Estados partes.

C.   *La Comisión de Comercio*

La Comisión de Comercio del Mercosur, órgano encargado de asistir al Grupo del Mercado Común (artículo 16 POP), originalmente ausente en el Tratado de Asunción, fue creada por la Decisión 13/93 del Consejo sobre el Arancel Externo Común, desarrollada por la Decisión 9/94, en la que se definió su naturaleza, integración, facultades, funciones y funcionamiento.

Posteriormente, el POP la incorporó a la estructura institucional del Mercosur (artículo 16), dándole importantes funciones en materia comercial y aduanera (artículo 19), tales como velar por la aplicación de los instrumentos de política comercial común acordados por los Estados parte para el funcionamiento de la unión aduanera, así como efectuar el seguimiento y revisar los temas y materias relacionadas con las políticas comerciales comunes, con el comercio intra-Mercosur y con terceros países (artículo 16).

Las funciones y atribuciones de la Comisión de Comercio del Mercosur son las siguientes:

a) velar por la aplicación de los instrumentos comunes de política comercial intra-Mercosur y con terceros países, organismos internacionales y acuerdos de comercio;

b) considerar y pronunciarse sobre las solicitudes presentadas por los Estados partes con respecto a la aplicación y al cumplimiento del arancel externo común y de los demás instrumentos de política comercial común;

c) efectuar el seguimiento de la aplicación de los instrumentos de política comercial común en los Estados parte;

d) analizar la evolución de los instrumentos de política comercial común para el funcionamiento de la unión aduanera y formular propuestas a este respecto al Grupo Mercado Común;

e) tomar las decisiones vinculadas a la administración y a la aplicación del arancel externo común y de los instrumentos de política comercial común acordados por los Estados partes;

f) informar al Grupo Mercado Común sobre la evolución y la aplicación de los instrumentos de política comercial común, sobre la tramitación de las solicitudes recibidas y sobre las decisiones adoptadas respecto de las mismas;

g) proponer al Grupo Mercado Común nuevas normas o modificaciones de las normas existentes en materia comercial y aduanera del Mercosur;

h) proponer la revisión de las alícuotas arancelarias de ítem específicos del arancel externo común, inclusive para contemplar casos referentes a nuevas actividades productivas en el ámbito del Mercosur;

i) establecer los comités técnicos necesarios para el adecuado cumplimiento de sus funciones, así como dirigir y supervisar las actividades de los mismos;

j) desempeñar las tareas vinculadas a la política comercial que le solicite el Grupo Mercado Común;

k) adoptar el Reglamento Interno, que someterá al Grupo Mercado Común para su homologación (artículo 19 POP).

El POP dispone que la Comisión de Comercio se pronunciará mediante Propuestas o Directivas y que estas últimas son obligatorias para los Estados parte (artículo 20).

La Comisión de Comercio del Mercosur está integrada por cuatro miembros titulares y cuatro miembros alternos por cada Estado parte y será coordinada por los Ministerios de Relaciones Exteriores (artículo 17 POP).

Como puede verse, la Comisión de Comercio del Mercosur constituye, sin lugar a dudas, un órgano de carácter intergubernamental ya que está constituido por representantes de los Estados parte, por lo cual carecen de independencia y autonomía frente a éstos, hasta el punto de que son nombrados por los gobiernos y además adoptan sus decisiones por consenso, que ya hemos visto suficientemente que constituye una de las manifestaciones típicas de la intergubernamentalidad al no permitir que la voluntad del órgano pueda diferenciarse de la de sus miembros, por lo que no puede adoptar decisiones contra países que estén en desacuerdo, con los mismos efectos de la unanimidad, con lo cual queda patente la falta de atribución del ejercicio de competencias nacionales en favor de este órgano del Mercosur, motivo por el cual no puede ser catalogado como comunitario o supranacional.

D. *El Parlamento del Mercosur*

El Parlamento del Mercosur es el órgano de representación de los pueblos del Mercosur, "independiente y autónomo" que sustituyó a la Comisión Parlamentaria Conjunta establecida en el Tratado de Asunción, que era el órgano representativo de los congresos y asambleas nacionales de los Estados parte (artículo 22 POP).

El Parlamento del Mercosur "estará integrado por representantes electos por sufragio universal, directo y secreto, de acuerdo con la legislación interna de cada Estado Parte y las disposiciones del presente Protocolo" (artículo 1 PCP).

Según el Protocolo Constitutivo del Parlamento del Mercosur (PCP), "[s]on propósitos del Parlamento:

1. Representar a los pueblos del MERCOSUR, respetando su pluralidad ideológica y política.

2. Asumir la promoción y defensa permanente de la democracia, la libertad y la paz.

3. Impulsar el desarrollo sustentable de la región con justicia social y respeto a la diversidad cultural de sus poblaciones.

4. Garantizar la participación de los actores de la sociedad civil en el proceso de integración.

5. Estimular la formación de una conciencia colectiva de valores ciudadanos y comunitarios para la integración.

6. Contribuir a consolidar la integración latinoamericana mediante la profundización y ampliación del MERCOSUR.

7. Promover la solidaridad y la cooperación regional e internacional."

El Parlamento tiene como competencias, entre otras, "[v]elar en el ámbito de su competencia por la observancia de las normas del MERCOSUR", "[v]elar por la preservación del régimen democrático en los Estados Partes", "[e]laborar y publicar anualmente un informe sobre la situación de los derechos humanos en los Estados Partes, teniendo en cuenta los principios y normas del MERCOSUR", "[p]roponer proyectos de normas del MERCOSUR para su consideración por el Consejo del Mercado Común, el que deberá informar semestralmente sobre su tratamiento" (artículo 4 PCP).

Los miembros del Parlamento "no estarán sujetos a mandato imperativo y actuarán con independencia en el ejercicio de sus funciones" (artículo 9 PCP) y "tendrán un mandato común de cuatro (4) años, contados a partir de la fecha de asunción en el cargo, y podrán ser reelectos" (artículo 10 PCP).

Si bien la creación del Parlamento del Mercosur pudiera ser el inicio de la conversión de esta organización de naturaleza intergubernamental a una de tipo supranacional al ser un órgano que busca ser independiente de los Estados parte, sin embargo todavía ello no ocurre, pese a que:

a) Sus miembros no son representantes de los Estados parte, mucho menos de sus gobiernos, sino de los pueblos;

b) Deciden por mecanismos de mayoría simple, absoluta, especial y calificada, dependiendo del caso, en el seno del órgano;

c) El cargo de Parlamentario es incompatible con el desempeño de un mandato o cargo legislativo o ejecutivo en los Estados parte y en cualquier órgano del Mercosur;

d) Los Parlamentarios no estarán sujetos a mandato imperativo alguno, incluyendo los Estados parte y actuarán con independencia en el ejercicio de sus funciones, sobre todo frente a los gobiernos

e) Serán elegidos por los ciudadanos de los respectivos Estados parte, a través de sufragio directo, universal y secreto,

Decimos que no puede decirse que el Parlamento del Mercosur sea un órgano supranacional, pese a lo anterior, porque este órgano no tiene atribuidas funciones decisorias de ningún tipo, ni puede dictar verdaderos actos jurídicos ni ejercer facultades legislativas o normativas en general. Sus actos son, como lo dice el artículo 4 PCP, dictámenes, proyectos de normas, anteproyectos de normas, declaraciones, recomendaciones, informes y estudios, lo que nos demuestra que no tiene atribuida competencias nacionales algunas, sobre todo en lo que debería ser un parlamento como es en la emisión de normas de rango legal o equivalentes y control presupuestario sobre el ejecutivo del Mercosur, lo cual no puede hacer.

E.   *El Foro Consultivo Económico y Social*

El Foro Consultivo Económico y Social constituye el órgano de representación de los sectores económicos y sociales, con lo cual se busca suplir la falta de previsión que el tratado y sus protocolos tiene en cuestiones sociales (artículo 28 POP). Tiene función consultiva y se manifiesta mediante Recomendaciones al Grupo Mercado Común (artículo 29 POP). Está integrado por igual número de "re-

presentantes de cada Estado parte", aunque realmente en
este caso, no debe entenderse que se trata de representantes del Estado en el sentido estricto del término, esto es,
que velan por los intereses de los gobiernos, pues simplemente es un nacional del Estado parte que representa sus
intereses específicos y privados y no los públicos del Estado del que proviene.

Como resulta obvio, no se trata de un órgano decisorio sino meramente consultivo, lo cual no influye sobrema-
nera en la naturaleza jurídica de la estructura institucional
del Mercosur. Está integrado por representantes de intereses muy particulares, que no emiten decisiones sino opi-
niones en las áreas que les incumben, decididas por consenso además, que no tiene ni independencia ni autonomía,
por lo que no estamos en presencia de un órgano supranacional, ni siquiera de uno intergubernamental.

F.   *La Secretaría del Mercosur*

La Secretaría Administrativa del Mercosur fue creada
por el Tratado de Asunción en su artículo 15 como parte
del Grupo Mercado Común y sus principales funciones
consistían en la guarda de documentos y comunicación de
actividades del mismo, es decir, era un órgano de mero
apoyo operativo de estricta naturaleza administrativa del
Grupo.

El Protocolo de Ouro Preto amplió su regulación,
tratándolo, en primer lugar, como órgano principal de la
estructura institucional y en segundo lugar, extendiéndose
en sus consideraciones, catalogándolo como órgano de
apoyo operativo, responsable de la prestación de servicios
a los demás órganos del Mercosur y como el anterior, tiene
su sede fija en la ciudad de Montevideo (artículo 31 POP).

Sus funciones eran, entre otras, según el POP, las siguientes (artículo 32):

a) servir como archivo oficial de la documentación
del Mercosur;

b) realizar la publicación y difusión de las normas adoptadas en el marco del Mercosur, para lo cual edita el Boletín Oficial de esta organización;

c) organizar los aspectos logísticos de las reuniones del Consejo del Mercado Común, del Grupo Mercado Común y de la Comisión de Comercio del Mercosur;

d) informar a los Estados parte sobre las medidas implementadas por cada país para incorporar en su ordenamiento jurídico interno las normas emanadas de los órganos del Mercosur;

e) registrar las listas nacionales de los árbitros y expertos, así como desempeñar otras tareas determinadas por el antes vigente Protocolo de Brasilia;

f) desempeñar las tareas que le sean solicitadas por el Consejo del Mercado Común, el Grupo Mercado Común y la Comisión de Comercio del Mercosur;

g) elaborar su proyecto de presupuesto y, una vez que éste sea aprobado por el Grupo Mercado Común, practicar todos los actos necesarios para su correcta ejecución;

h) presentar anualmente su rendición de cuentas al Grupo Mercado Común, así como un informe de sus actividades.

La Secretaría Administrativa del Mercosur estaba a cargo de un Director, quien debía tener la nacionalidad de uno de los Estados parte, era electo por el Grupo Mercado Común, en forma rotativa, previa consulta a los Estados parte y era designado por el Consejo del Mercado Común. Tenía un mandato de dos años y estaba prohibida su reelección (artículo 33 POP).

En el año 2002, los Estados parte del Mercosur decidieron convertir la Secretaría Administrativa en una Secretaría Técnica y a través de la Decisión CMC N° 30/02 decidieron cambiarle la denominación a Secretaría del Mercosur, manteniéndole el resto de las características de la Secretaría Administrativa, se le asignaron nuevas funciones y se creó el Sector de Asesoría Técnica (SAT), integrado por cuatro asesores técnicos, el cual presta asesoramiento y apoyo técnico a los demás órganos del Mercosur con el objetivo de contribuir a la conformación de un espacio de reflexión común sobre el desarrollo y consolidación del proceso de integración.

Como puede verse, la Secretaría del Mercosur sigue siendo un órgano de naturaleza estrictamente operativa y de apoyo que, a diferencia de la Comisión Europea y la Secretaría General de la Comunidad Andina, no tiene facultades decisorias propias e independientes de los Estados parte sino de asesoría técnica, además de apoyo administrativo, que tiene a su cargo funciones de apoyo logístico y administrativo a los demás órganos del Mercosur, en cuyo ejercicio no tiene que tomar decisiones de trascendencia para la organización y los países participantes.

En su conformación y características actuales no tiene incidencia en la naturaleza jurídica del Mercosur, salvo para ratificar el carácter intergubernamental de éste ya que, como ocurre en las organizaciones de este tipo, es un órgano que está pensado para realizar actividades de estricta secretaría administrativa y técnica y no decisoria.

G. *El Tribunal Permanente de Revisión del Mercosur*

A través del Protocolo de Olivos de Solución de Controversias del Mercosur (POSC) de 2002 se instauró el Tribunal Permanente de Revisión de esta organización (TPR), modificado por Protocolo Modificatorio de fecha 19 de enero de 2007, en el cual, además de crear este tribunal, establece el procedimiento al cual se deben someter los Estados parte para resolver sus diferencias e incluso normas para los particulares, aunque a éstos no les da acceso directo a ese tribunal.

El TPR está constituido por un árbitro designado por cada Estado parte del Mercosur, que designará un árbitro titular y su suplente por un período de 2 años, renovable por un máximo de 2 períodos consecutivos, de disponibilidad permanente, que no constituidos permanentemente, con sede en Asunción, Paraguay, quienes conocerán de aspectos de interpretación, aplicación e incumplimiento de los tratados y normas del Mercosur, así como las discrepancias que surjan como resultado de Decisiones, Resoluciones y Directivas emanadas de los órganos del Mercosur.

Al mismo tiempo, el POSC permite a los Estados parte someter sus controversias ante la OMC o ante cualquier otro sistema de solución de controversias del cual formen parte.

Originalmente, el sistema de solución de controversias del Mercosur estaba regulado por el Protocolo de Brasilia de 1991, el cual se acercaba más al sistema de solución de controversias del NAFTA y en general de los tratados intergubernamentales o de cooperación, no tanto al de la Unión Europea ni al de la CAN, ya que no preveía un verdadero Tribunal de Justicia de jurisdicción obligatoria, sólo posible en procesos de integración supranacionales.

Hoy, el POSC, si bien perfeccionó el sistema de solución de controversias establecido en el Protocolo de Brasilia, subsisten como mecanismos principales para ello las negociaciones directas y el arbitraje y no creó un Tribunal de Justicia del Mercosur, con las antedichas características del andino o europeo, sino un Tribunal Permanente de Revisión, con una Secretaría propia (ST) a cargo de un Secretario, que deberá ser nacional de cualquiera de los Estados parte del Mercosur y la ST asume las funciones que en el original POSC de 2002 aparecían a cargo de la Secretaría Administrativa del Mercosur.

El TPR no es propiamente un tribunal permanente sino que sus miembros deben estar disponibles de forma permanente para cuando se les convoque (art. 19 POSC). Tampoco ejerce realmente una jurisdicción obligatoria sino que ésta lo es una vez que los Estados deciden someter su controversia a estos tribunales arbitrales porque pueden hacerlo ante la Organización Mundial del Comercio o de otros esquemas preferenciales de comercio de que sean parte individualmente los Estados parte, "a elección de la parte demandante" y "las partes en la controversia podrán, de común acuerdo, convenir el foro (art.1.2 POSC).

Al mismo tiempo, los Estados parte declaran reconocer como obligatoria, *ipso facto* y sin necesidad de acuerdo especial la jurisdicción de los Tribunales Arbitrales *Ad Hoc* que en cada caso se constituyan y el TPR conforme a las competencias de este tribunal (art. 33 POSC), los cuales están constituidos por árbitros y no por jueces, motivo por el que no dictan sentencias sino laudos, éstos también de carácter obligatorio (art. 26 POSC) y deberán cumplirse en la forma y con el alcance con que fueron dictados (art. 27 POSC).

Dicta sus laudos por mayoría, los cuales serán obligatorios para los Estados parte involucrados en la controversia a partir de su notificación y tendrán para éstos fuerza de cosa juzgada.

En este aparte es importante mencionar la existencia en el Mercosur de un Tribunal Administrativo-Laboral (TAL), única instancia jurisdiccional para resolver las reclamaciones de índole administrativo-laboral del personal de la Secretaría del Mercosur (SM) y las personas contratadas por ésta para obras o servicios determinados, tanto en la SM o en otros órganos de la estructura institucional del Mercosur.

Igualmente el TAL es la única instancia jurisdiccional con competencia para conocer y resolver los conflictos en materia administrativo-laboral exclusivamente que se susciten entre otros órganos de la estructura institucional del Mercosur y el personal contratado por ellos.

El TAL está integrado por un miembro titular, con su suplente, indicado uno por cada Estado parte, designados por el Grupo Mercado Común por un período de 2 años, renovables por períodos iguales y será "una instancia de convocatoria permanente y se reunirá cuando sea necesario (art. 2 Estatuto TAL).

H.   *Conclusión preliminar sobre estructura institucional del Mercosur*

Del análisis de la estructura institucional del Mercosur y su funcionamiento se desprende, al menos preliminarmente y en este aspecto, que esta organización todavía tiene naturaleza intergubernamental ya que en ninguno de sus órganos se observa algún síntoma de que haya operado a su favor atribución alguna de ejercicio de competencias nacionales, que es lo que verdaderamente va a otorgar la supranacionalidad a la misma y no elementos concretos y puntuales que a lo mejor constituyen el uso de técnicas supranacionales pero que no invisten a la organización toda de este importante atributo de las relaciones internacionales.

La organización institucional del Mercosur está montada con base en una estructura jerárquica en la que el máximo órgano es el Consejo del Mercado Común, cuyas decisiones deben ser ejecutadas por el Grupo Mercado Común, el cual a su vez está asistido en el desempeño de sus funciones por la Comisión de Comercio.

A diferencia de la Comunidad Andina (CAN) y la Unión Europea (UE), ninguno de los órganos del Mercosur está conformado por miembros independientes sino que son designados por sus gobiernos para velar por los intereses de cada Estado parte. No hay en el Mercosur eso que se llama en la CAN y en la UE como "interés comunitario", separado de los nacionales, en donde hay funcionarios de la organización quienes sólo puede tomar en cuenta para adoptar sus decisiones obligatorias tal interés comunitario, aunque sean nacionales de algún Estado parte.

Igualmente, en el proceso de adopción de decisiones de los órganos del Mercosur -los que pueden hacerlo porque ya vimos que hay órganos que no toman verdaderas decisiones- no se observa que la organización pueda imponer una decisión aún a la minoría de los países que hayan podido estar en desacuerdo durante el proceso de votación realizado en el seno del órgano con la decisión que posteriormente haya sido adoptada porque las decisiones se adoptan por consenso, que es casi como decir unanimidad, con la necesaria presencia, además, de todos los Estados parte, todo lo cual es una profunda manifestación de la existencia de intergubernamentalidad en la organización, en lugar de supranacionalidad.

El único órgano que dicta sus decisiones (laudos) por mayoría es el Tribunal Permanente de Revisión del Mercosur, incluso los tribunales arbitrales *ad hoc,* pero al no ser éstos verdaderos tribunales judiciales, de jurisdicción obligatoria y permanente y ser ambos de naturaleza arbitral, esta particular forma de adoptar decisiones, tipo órgano supranacional, se pierde y no creemos que sea suficiente para catalogar al Mercosur todo como organización supranacional sino que todo esto queda como sólo un detalle en un mundo enteramente intergubernamental.

Algo similar sucede con el Parlamento del Mercosur, que al ser un órgano que no tiene atribuidas verdaderas decisiones sino solo la posibilidad de propuestas, informes, declaraciones, estudios o recomendaciones, no actos jurídicos propiamente dichos, la manera dispuesta de "decidir" por mayoría estas posibilidades de actuación, según el protocolo constitutivo, no tiene ninguna relevancia a los fines de la naturaleza jurídica del Mercosur.

Ambos órganos (Tribunal Permanente de Revisión y el Parlamento del Mercosur) pueden ser el inicio de un cambio de la naturaleza jurídica del Mercosur a futuro, si estos cambios logran incrustarse en una verdadera institución supranacional y cuando el Parlamento, sin ser designado por los congresos, asambleas nacionales o gobiernos, como ya lo prevé el protocolo constitutivo, tenga verdaderas atribuciones decisorias con efectos jurídicos, como podría ser su intervención en los procesos normativos y en las posibilidades de control de los demás órganos, sobre todo el de naturaleza ejecutiva (Grupo Mercado Común) o la Secretaría, tal como pasó en la Unión Europea con el Parlamento Europeo.

Mientras tanto y con esta forma de adoptar decisiones en los órganos del Mercosur verdaderamente decisorios se respeta totalmente la soberanía de cada uno de los países participantes, sin posibilidad alguna de que algún Estado parte deba hacer algo en lo que no esté de acuerdo, como puede pasar en la UE y la CAN, lo cual hace ver que la soberanía se mantiene intacta en cada país miembro, al ser adoptadas las decisiones de una forma tal que en la realidad no se puede diferenciar entre la voluntad del órgano de la voluntad de los miembros representantes de los Estados parte, por lo que, a la hora de la verdad, el 100% de las decisiones no lucen de la organización sino más bien de los gobiernos.

En efecto, se trata de una estructura institucional –la del Mercosur- hecha para gestionar la dificultad de las asimetrías entre los países participantes, al ser Brasil un gigante, el cual unido con Argentina crea un desbalance muy grande con respecto a Paraguay y Uruguay, aunque esto último posiblemente corregido en parte con la incorporación de Venezuela, asimetría ésta que complica la búsqueda de mecanismos institucionales que permitan reflejar el peso relativo de cada uno de ellos de una manera que sea mutuamente aceptable. De allí la debilidad institucional del Mercosur y más específicamente el poco peso y responsabilidades de su aparato administrativo, ahora también técnico pero sin decisiones propias y autónomas, así como el carácter exclusivamente intergubernamental del proceso de toma de decisiones.

2. *La incidencia del derecho generado por el Mercosur en los Estados parte y sus ciudadanos*

No tiene previsto el Tratado de Asunción ni el Protocolo de Ouro Preto que el derecho que se genere en el Mercosur tenga aplicación o eficacia directa en los Estados parte. Mucho menos que este derecho tenga primacía sobre los derechos nacionales en caso de conflicto.

Para la mayoría de los autores, la razón de esta ausencia de aplicación de los anteriores principios es que en el Mercosur simplemente no puede existir un Derecho Comunitario ya que el Tratado de Asunción no creó una comunidad de Estados, ni siquiera en el aspecto económico, que es la única que puede generar Derecho Comunitario como lo dice su nombre. Ello porque este derecho supone la atribución del ejercicio de ciertas competencias nacionales de los Estados miembros a la organización internacional, lo que se traduce en una especie de delegación o descentralización de Poder Público por parte de cada país a aquélla, lo cual no se ha dado en el Mercosur.

Cuando estudiamos la estructura institucional del Mercosur vimos que ningún órgano de esta organización puede actuar jurídicamente con independencia de los Estados parte, de manera que ella autónomamente pueda generar un derecho realmente propio. Si bien el Mercosur puede dictar formalmente decisiones y actos jurídicos, algunos de carácter normativo, en ejecución de los tratados constitutivos y protocolos (derecho originario), asimilándolo al Derecho Comunitario europeo, la realidad es que en el seno de los órganos del Mercosur sólo se pueden producir actos normativos que en el fondo son de los Estados parte, en virtud de la intergubernamentalidad con la que actúan, lo cual imposibilita que sin el acuerdo de todos los gobiernos aquéllos se produzcan.

En segundo lugar, al ser realmente actos internacionales, la mayoría de ellos deberán ser sometidos a las aprobaciones internas en cada uno de los Estados parte para que tengan aplicabilidad, eficacia y vigencia en éstos. Se trata de que las Decisiones del Consejo del Mercado Común y las Resoluciones del Grupo Mercado Común son normas con un estatus jurídico especial ya que, a pesar de haber sido decididas por consenso, su fuerza vinculante es muy relativa dada la necesidad de internalización y sólo excepcionalmente esto no tiene que hacerse.

Lo que sí existe en el Protocolo de Ouro Preto, en sus artículos 9, 15 y 20, es la obligación de los Estados parte de internar el derecho dimanado por el Mercosur al establecerse que las decisiones de tales órganos son obligatorias para los Estados parte, pero no obligatorias en el sentido de que ya ellas valen jurídicamente por sí solas para ser aplicadas en cada país miembro sino que, como todo Derecho Internacional y en general todo lo que se llame Derecho, aquéllas deben ser acatadas en los términos que señale cada Constitución nacional.

De lo anterior que la obligatoriedad del Derecho del Mercosur no significa que éste es Derecho Comunitario con efecto y aplicación directa en los países miembros sino que los Estados parte, especialmente sus gobiernos, deben hacer todo lo posible para su internalización, la cual deben hacer a través de los mecanismos propios que establezcan la Constitución y las leyes de cada uno de los Estados parte y no por lo que digan los tratados constitutivos, por mucho que éstos también hayan recibido la correspondiente aprobación nacional.

En este sentido, el artículo 38 POP dispone que los Estados parte se comprometen a adoptar todas las medidas necesarias para asegurar en sus respectivos territorios el cumplimiento de las normas emanadas de los órganos del Mercosur, lo que pareciera ratificar la obligatoriedad de las normas establecida en los artículos 9, 15 y 20 del citado protocolo y que aquéllos deben internalizar las mismas en sus ordenamientos jurídicos, dependiendo si éstos acogen la tesis dualista o monista, cuyo "cómo" dependerá lo que diga cada derecho nacional.

Esto último confirma, a la vez, la imposibilidad de aplicabilidad directa del Derecho del Mercosur como regla, sino que ello dependerá de lo que establezca cada una de las Constituciones nacionales correspondientes y pudiera ocurrir, como es el caso de la Constitución de Venezuela, que se permita la aplicación directa de normas internacionales, sin ser comunitarias, si éstas son desarrollo o ejecución de tratados previamente aprobados por el órgano legislativo nacional, lo cual es una excepción a la regla de la aprobación legislativa.

En todo caso, los Estados parte deben tomar las medidas necesarias, una vez que el Derecho del Mercosur ha sido internalizado, para que la efectividad de éste sea la deseable, lo cual debe hacerse a través de la derogación de las normas nacionales que puedan entrabar el efecto deseado con las normas ya internas que provienen de los órganos del Mercosur, lo cual coincide con otro principio muy importante del Derecho Comunitario, como es el de seguridad jurídica en la integración del mismo en los Estados, pero el del Mercosur es el equivalente previsto también en el Derecho Internacional.

3.   *La coacción del Mercosur sobre los Estados parte*

La coacción que pueden ejercer los órganos comunitarios sobre los Estados miembros es un elemento característico de las organizaciones supranacionales y que debe estar presente en éstas para poder ser consideradas como tales, aunque ello puede tener distintos grados dependiendo de cada proyecto. Con tal coacción una organización comunitaria puede obligar a los Estados a realizar acciones u omisiones concretas para que cumplan con sus obligaciones comunitarias, cuando no lo hacen voluntariamente, porque así tal incumplimiento tiene consecuencias jurídicas palpables, poderes éstos que son ejercidos por las propias instituciones u órganos supranacionales directamente contra los Estados miembros y no depende de éstos.

Este elemento, que si bien teóricamente debería ser muy fuerte, al estilo de los federalismos, en la realidad nunca llega a serlo porque generalmente las organizaciones supranacionales, al seguir siendo internacionales, tienen que respetar la soberanía de los Estados miembros, la cual, aunque limitada, sigue estando en manos de éstos, no de la organización, en virtud de que entre aquéllos y la organización lo que se da es una atribución de *ejercicio* de competencias nacionales, esto es, de forma transitoria y no la cesión o transferencia de la titularidad de las mismas a la organización, todo lo cual impide a las organizaciones supranacionales ejercer un verdadero poder coaccionador, al estilo de un Poder Federal sobre los estados federados, con consecuencias jurídicas claras y efectivas.

No obstante, la creación de una organización supranacional exige dotarla de un mínimo de poder de coacción sobre los Estados miembros que permita diferenciarla de las organizaciones internacionales clásicas y como consecuencia de la atribución del ejercicio de competencias, lo cual no ocurre en éstas. Es por esto que en la Unión Europea y en la Comunidad Andina, por ejemplo, existe la posibilidad de la acción de incumplimiento y la interpretación prejudicial, decididas por órganos autónomos (no intergubernamentales), todo reforzado con la posibilidad de intervención de los particulares en ellas, directa o indirectamente, lo cual se intensifica en la Comunidad Andina al poder darse tal participación individual (no sólo los Estados) ante el mismo Tribunal de Justicia, lo que no puede ocurrir en la UE.

Sin embargo, en el Mercosur, pese a la intergubernamentalidad existente, no hay una absoluta carencia de mecanismos de coacción sobre los Estados parte, pero se ven seriamente debilitados por la ausencia de órganos autónomos en la organización y de un verdadero Tribunal de Justicia independiente de los Estados parte que puedan hacer efectivas tales decisiones.

En efecto, cuando desmenuzamos el Protocolo de Olivos para la Solución de Controversias en el Mercosur (POSC), podemos observar un leve asomo de coacción sobre los Estados parte cuando vemos que las controversias entre Estados parte sobre interpretación, aplicación o incumplimiento del Derecho del Mercosur pueden ser sometidos a procedimientos establecidos en este protocolo (artículo 1.1 POSC).

Ciertamente, el artículo 1 del Protocolo de Olivos dispone que las controversias que surjan entre los Estados partes sobre la interpretación, aplicación o incumplimiento de las disposiciones del Derecho del Mercosur serán sometidas a los procedimientos de solución de controversias establecidos en el mismo y en consecuencia, es posible recurrir a estos procedimientos de solución de controversias en los casos de incumplimiento, jurisdicción ésta que los Estados parte han reconocido como obligatoria, *ipso facto* y sin necesidad de acuerdo especial (artículo 33 POSC).

Pero estas controversias sobre interpretación, aplicación o incumplimiento del Derecho del Mercosur deben ser resueltas, de ser posible, primero por negociaciones directas entre los Estados (artículo 4 POSC) y si mediante estas negociaciones directas no se alcanzare un acuerdo o si la controversia sólo fuere solucionada parcialmente, cualquiera de los Estados parte podrá iniciar el procedimiento arbitral previsto en el POSC (artículo 6.1), en donde un Tribunal Arbitral *Ad Hoc* determinará por laudo si hubo o no incumplimiento del Derecho del Mercosur (artículo 16 POSC) o someter la controversia, de común acuerdo, a consideración del Grupo Mercado Común, que formulará recomendaciones que, de ser posible, serán expresas y detalladas tendientes a la solución del diferendo (artículo 7 POSC).

Contra el laudo del Tribunal Arbitral *Ad Hoc* podrá presentarse recurso de revisión ante el Tribunal Permanente de Revisión (artículo 17.1 POSC), que también es un tribunal arbitral, el cual estará limitado a las cuestiones de derecho tratadas en la controversia y a las interpretaciones jurídicas desarrolladas en el laudo del Tribunal Arbitral *Ad Hoc* (artículo 17.2 POSC), que podrá confirmar, modificar o revocar los fundamentos jurídicos y las decisiones del Tribunal Arbitral *Ad Hoc* (artículo 22 POSC).

Igualmente, la controversia puede ser sometida directamente al TPR, sin pasar por Tribunales Arbitrales *Ad Hoc,* si los Estados así lo acuerdan.

Los laudos de los Tribunales Arbitrales *Ad Hoc* y los del TPR son obligatorios para los Estados parte y tendrán fuerza de cosa juzgada (arts. 26.1 y 26.2 POSC) y deberán ser cumplidos en la forma y con el alcance con que fueron dictados (art. 27 POSC), en el plazo que los respectivos tribunales establezcan (art. 29 POSC) y si un Estado parte en la controversia no cumpliera total o parcialmente el laudo del Tribunal Arbitral, la otra parte tendrá la facultad, en el plazo de un año, de iniciar la aplicación de medidas compensatorias temporarias, tales como la suspensión de las concesiones u otras obligaciones equivalentes, tendientes a obtener el cumplimiento del laudo (art. 31.1 POSC).

El Estado parte beneficiado por el laudo procurará, en primer lugar, suspender las concesiones u obligaciones equivalentes en el mismo sector o sectores afectados y en el caso de que esto fuere impracticable o ineficaz, podrá suspender concesiones u obligaciones en otro sector (art. 31.2 POSC).

Ahora bien, cuando se trata de reclamos de particulares por incumplimiento de algún Estado parte del Derecho del Mercosur, éstos podrán hacer reclamos ante la Sección Nacional del Grupo Mercado Común del Estado parte donde tengan su residencia habitual o la sede de sus negocios (art. 40.1 POSC), quienes deberán aportar elementos que permitan determinar la verosimilitud de la violación o la existencia o amenaza de un perjuicio, para que el reclamo sea admitido por esta sección nacional y para que sea evaluado por el Grupo Mercado Común o por el grupo de expertos, si se le convoca (art. 40.2 POSC).

La Sección Nacional del Grupo Mercado Común que haya admitido el reclamo deberá entablar consultas con la Sección Nacional del Grupo Mercado Común del Estado parte al que se atribuya la violación, a fin de buscar una solución inmediata a la solución planteada (art. 41.1 POSC). Finalizadas las consultas sin que se hubiera alcanzado una solución, la Sección Nacional del Grupo Mercado Común elevará el reclamo sin más trámite al Grupo Mercado Común (art. 42.1 POSC), el cual, si le da curso al reclamo y lo acepta, convocará a un grupo de expertos para que emita un dictamen acerca de su procedencia, quienes darán la oportunidad al particular reclamante y a los Estados parte involucrados de ser oídos y de presentar sus argumentos en audiencia conjunta (art. 42.3 POSC).

El grupo de expertos elevará su dictamen al Grupo Mercado Común (art. 44 POSC), el cual, si declarare por unanimidad la procedencia del reclamo formulado en contra de un Estado parte, cualquier otro Estado parte podrá requerirle la adopción de medidas correctivas o la anulación de las medidas cuestionadas y si este requerimiento no prosperare, el Estado parte que lo efectuó podrá recurrir directamente al procedimiento arbitral, de acuerdo con las normas de este protocolo (art. 44.1.i). Si el dictamen del grupo de expertos declarare improcedente el reclamo por unanimidad, el Grupo Mercado Común dará de inmediato por concluido el mismo (art. 44.1.ii).

Como puede observarse, si bien es un avance para este proceso de integración y en la naturaleza jurídica de la organización creada los procedimientos establecidos para determinar los incumplimientos de los Estados parte, no obstante se observa que los mismos no son decididos por órganos administrativos ni judiciales independientes, como sucede en la UE y en la CAN, sino que están en manos de árbitros nombrados en su mayoría por los Estados parte, sin que tales decisiones tengan el peso y las consecuencias de las de un órgano supranacional. No hay la intervención de un verdadero tribunal autónomo sino por tribunales arbitrales *ad hoc*, todo impulsado por los Estados

parte actuando como tales, como buen sistema intergubernamental que es, en donde, en el caso de los particulares,
su participación se difumina para quedar el trámite y la
decisión en manos de los Estados parte.

Así las cosas, se puede observar un elemento de coacción sobre los Estados parte en el artículo 25 POSC que
expresa que los laudos arbitrales se adoptarán por mayoría,
lo que puede hacer que una decisión así adoptada -no por
unanimidad- sea igualmente obligatoria para el Estado
parte cuyo árbitro no haya votado a favor para adoptar el
laudo, lo cual se ve reforzado con que las partes involucradas reconocen la obligatoriedad de la jurisdicción (artículo
33 POSC).

De la misma manera, podemos observar la presencia
de la coacción sobre los Estados parte en el artículo 31
POSC, el cual dispone que si un Estado parte no cumpliere
el laudo del Tribunal Arbitral, la otra parte en la controversia podrá iniciar la aplicación de medidas compensatorias
temporarias, tales como la suspensión de concesiones u
otras obligaciones equivalentes, tendientes a obtener su
cumplimiento.

La diferencia en este último aspecto con las organizaciones supranacionales es que no es la organización la que
impone la sanción, ni siquiera el tribunal arbitral correspondiente, que de alguna manera es parte de la organización, sino que son los Estados parte -el que se siente perju-
dicado- los que ejercen realmente la coacción y ejecutan el
laudo arbitral.

Así las cosas, la coacción presente en el Mercosur se
debilita porque sus órganos no tienen posibilidades de
actuación directa contra los Estados parte, específicamente
contra un Estado incumplidor, basados o no en los laudos
arbitrales, sino que, en todo caso, sólo los Estados perjudi-
cados son los que deberán actuar contra aquél y deberán
agotar siempre la vía arbitral la cual, si bien tiene fases
previas que deben realizarse ante el Grupo Mercado

Común, al mismo tiempo las actuaciones de éste son secundarias y es el Tribunal Arbitral o el grupo de expertos los al final deciden el correspondiente procedimiento.

Así las cosas, se manifiesta claramente en este sistema de solución de controversias la intergubernamentalidad imperante porque el procedimiento ante los tribunales arbitrales es entre Estados parte, sin la posibilidad de ser activado por órganos del Mercosur o que la intervención de éstos sea decisiva, lo cual tampoco cambiaría mucho las cosas porque los órganos del Mercosur están exclusivamente constituidos por representantes de los Estados parte.

Ahora bien, una reclamación similar contra los incumplimientos la pueden hacer los particulares (artículo 39 POSC), ya no los Estados partes, por violación del Derecho del Mercosur, lo que en situaciones normales pudiera ser una manifestación de la supranacionalidad existente en la organización como sucede en las Comunidades Europeas y la Comunidad Andina.

Pero en este último caso, en el Mercosur es todo lo contrario: la participación de los particulares es de tal forma marginal que lo que hace es confirmar la naturaleza intergubernamental de este sistema de solución de controversias, más que cuando se trata de reclamaciones de Estados parte. Esto porque el procedimiento activado por el particular no desemboca en un laudo arbitral sino que, luego de las consultas respectivas, sin resultados positivos, entre las Secciones Nacionales del Grupo Mercado Común involucradas, el caso debe llevarse al Grupo Mercado Común, que debe convocar a un grupo de expertos designados por éste o por votación de los Estados parte, quienes deberán emitir un dictamen decisivo al Grupo Mercado Común sobre el incumplimiento, pero serán los Estados parte los que requerirán la adopción de medidas correctivas si el dictamen fuere favorable al incumplimiento y si no lo hiciere el Estado incumplidor, el Estado parte requirente puede acudir al procedimiento arbitral, quedando así el particular reclamante fuera de todo y el procedimiento pasa a ser exclusivamente entre los Estados partes involucrados, lo cual ratifica la intergubernamentalidad existente en el Mercosur.

Reforzando este carácter interestatal, podemos observar que no se prevé un sistema de solución de controversias entre los Estados parte y los órganos del Mercosur o de conflictos entre estos últimos entre sí, lo cual se entendía más por la ausencia de personalidad jurídica en el Mercosur hasta el Protocolo de Ouro Preto de 1994, pero esta realidad todavía es difícil cambiarla porque subsiste el carácter fuertemente intergubernamental de la organización, lo que descarta la existencia en su seno de un órgano independiente que actúe como auténtico guardián de la legalidad, legitimado para impulsar mecanismos jurisdiccionales a través de los cuales se pueda hacer efectiva dicha legalidad.

Igualmente, como vimos en la estructura institucional, el Protocolo de Ouro Preto recoge como funciones tanto del Consejo del Mercado Común como del Grupo Mercado Común la de velar por el cumplimiento del Tratado de Asunción, de sus protocolos y de los acuerdos firmados en su marco (artículos 8 y 14 POP), la cual ejercerán "dentro de los límites de su competencia", a lo que se agrega la función de la Comisión de Comercio del Mercosur de velar por la aplicación de los instrumentos de política comercial común acordados por los Estados parte para el funcionamiento de la unión aduanera, así como efectuar el seguimiento y revisar los temas y materias relacionados con las políticas comerciales comunes, con el comercio intra-Mercosur y con terceros países. Sin embargo, estas funciones no van acompañadas, como en la Comisión Europea, de la posibilidad de hacerlas efectivas recurriendo a la vía jurisdiccional.

Otra manifestación de la intergubernamentalidad presente en el sistema de solución de controversias del Mercosur radica en el hecho de que los Tribunales Arbitrales *Ad Hoc* y el Tribunal Permanente de Revisión, de acuerdo con el artículo 34 POSC, deben decidir la controversia sobre la base del Tratado de Asunción, el Protocolo de Ouro Preto, a los protocolos y acuerdos celebrados en el marco del tratado de Asunción, de las Decisiones del Consejo del Mercado Común, de las Resoluciones del Grupo Mercado Común y las Directivas de la Comisión de Comercio, así como también de los principios y disposiciones del Derecho Internacional aplicables en la materia, sin excluirse la resolución de la controversia *ex aequo et bono* si las partes así lo convienen.

Como puede notarse, en la enunciación anterior de las normas a tener en cuenta por los tribunales arbitrales a la hora de resolver la controversia se tiene en cuenta al Derecho Internacional y no hay referencia alguna al Derecho Comunitario, lo cual es demostración de que en el Mercosur no hay una comunidad de Estados ni sus órganos generan este tipo de derecho, por lo cual mal puede tenerse en cuenta para resolver una controversia un derecho ajeno a la organización.

Sin embargo, se ha criticado esta enumeración, pese a la evidente realidad intergubernamental existente en el Mercosur, porque restaría a éste soporte jurídico para profundizar en un proceso de integración diferenciado de las pautas clásicas ofrecidas por el Derecho Internacional Público, aunque la mayor parte de la doctrina considera que aquélla carece de carácter taxativo y en consecuencia no excluye la posibilidad de acudir a los principios de Derecho Comunitario. Sin embargo, creemos que pesa más la naturaleza intrínsecamente intergubernamental del Mercosur a este respecto, lo que impide de momento la aplicación de tales principios comunitarios, aunque en el futuro se tenga previsto optar por otro modelo.

Resulta difícil pensar en la realidad actual del Mercosur que puedan tener cabida los principios de Derecho Comunitario en forma global como para incluirlos en la enumeración comentada porque, como hemos dicho tantas veces, en el Mercosur no elemento alguno que permita establecer que hay una comunidad de Estados o que haya operado atribución alguna de ejercicio de competencias nacionales a la organización, Por esta razón, no podemos decir que pueda generar Derecho Comunitario, motivo por el cual las únicas reglas posibles a aplicar en este proceso son las del Derecho Internacional Público, motivo por el cual pudiera ser hasta peligroso, de cara a las soberanías de los Estados partes, mencionar la aplicación de tales principios comunitarios, además de que las Constituciones expresamente deberían permitirlo.

Así las cosas, en el caso concreto del elemento de la coacción en el Mercosur, su presencia es bastante débil y solamente cuando hablamos del procedimiento entre los Estados partes y la participación de los particulares, en lugar de reforzar esta presencia, lo que hace es justamente es lo contrario: ratificar que lo que tenemos entre manos es una organización intergubernamental. Pero aún la supuesta y débil coacción existente entre los Estados parte es muy relativa porque realmente la coercibilidad sobre el Estado incumplidor no proviene de la organización propiamente dicha, es decir, de los órganos del Mercosur, sino de los propios Estados parte.

No se trata ni siquiera de una manifestación de una débil supranacionalidad debido a que quien puede ejercer la coacción sobre el Estado incumplidor es realmente el Estado parte requirente, basado en un laudo arbitral y no en una sentencia de un tribunal supranacional permanente, constituido por magistrados independientes de los Estados miembros, sino tribunales arbitrales formados por árbitros nombrados por los Estados partes, directa o indirectamente.

Por lo anterior, el mecanismo de solución de controversias, si bien tiene rasgos de coacción sobre los Estados parte, no puede decirse que sea de tipo supranacional sino que al contrario, sus características refuerzan la tesis de la presencia de intergubernamentalidad observada en el resto de los elementos de la organización.

En todo caso, si se considera que este elemento es de tipo supranacional, el mismo se disipa y no es suficiente para catalogar al Mercosur todo como una organización supranacional ya que el peso que tienen las otras características analizadas en sentido contrario, en donde predomina en una forma muy sólida la intergubernamentalidad.

Sin embargo, sigamos viendo el resto de los elementos de este estudio sobre la naturaleza jurídica del Mercosur que si bien no son determinantes, nos pueden ayudar a obtener una conclusión más fidedigna sobre este aspecto de la organización, para posteriormente ver de qué manera se aplicaran sus normas en Venezuela, según su Constitución, una vez que ésta se hizo miembro pleno del Mercosur.

4. *La autonomía financiera del Mercosur*

No existe en el Tratado de Asunción ni en el Protocolo de Ouro Preto elemento alguno que nos permita afirmar la existencia de este elemento en el sentido de tener la posibilidad de ingresos propios, presente generalmente en las organizaciones supranacionales, aunque no lo consideramos indispensable para este último atributo, como hemos dicho antes en este trabajo.

A este respecto, el artículo 45 del Protocolo de Ouro Preto establece que la ahora Secretaría del Mercosur contará con un presupuesto para atender sus gastos de funcionamiento y aquellos que disponga el Grupo Mercado Común. Tal presupuesto será financiado, en partes iguales, por contribución de los Estados parte.

Igualmente, el Protocolo Constitutivo del Parlamento del Mercosur, con ley aprobatoria legislativa venezolana del 16 de julio de 2013, prevé en su artículo 4.20 que es competencia de este órgano elaborar y aprobar su presupuesto y la cláusula transitoria séptima dispone que "el presupuesto del Parlamento será solventado por los Estados Partes mediante aportes iguales".

También existe, como vimos antes, el Tribunal Administrativo-Laboral del Mercosur (TAL), el cual no tiene presupuesto propio y los gastos de traslado y viáticos de sus miembros serán solventados por la Secretaría del Mercosur, la que deberá prever e su presupuesto una partida para cubrir esas erogaciones y el TAL podrá imponer el pago de gastos y viáticos de sus miembros a la parte reclamante perdidosa en caso de haber actuado con malicia temeraria o de mala fe (art. 14, Estatuto TAL).

Por otro lado, por Decisión CMC N° 63/10 fue creada la figura del Alto Representante General del Mercosur, cuyo presupuesto, según el artículo 17, estará constituido por aportes anuales de los Estados parte.

Por último, la Resolución GNC N° 66/05 del Grupo Mercado Común dispone que la Secretaría del Tribunal contará con un presupuesto para atender todos los gastos que demande la aplicación de esta resolución (art. 9) y corresponde al Secretario del Tribunal Permanente de Revisión la presentación y ejecución del mismo, el cual debe ser aprobado por el Grupo Mercado Común y controlado por el Grupo de Asuntos Presupuestarios.

Así las cosas, estas disposiciones nos dicen que, si bien son varios los órganos y figuras que tienen presupuesto propio, todos están financiados por los Estados parte y no hay mecanismos de ingresos propios que le den autonomía financiera al Mercosur.

El presupuesto más importante, como es de suponer, es el de la Secretaría del Mercosur y concretamente, el artículo 32 del Protocolo de Ouro Preto expresa que la Secretaría del Mercosur sirve como archivo oficial de la documentación de esta organización, realiza la publicación y difusión de las normas adoptadas en el marco de este proceso, organiza los aspectos logísticos de las reuniones del Consejo del Mercado Común, del Grupo Mercado Común y de la Comisión de Comercio y, dentro de sus posibilidades, de los demás órganos del Mercosur, cuando las mismas se celebren en su sede permanente. Cuando sean realizadas fuera de su sede permanente, la Secretaría del Mercosur proporcionará apoyo al Estado en el que se realice la reunión, informará regularmente a los Estados parte sobre las medidas implementadas por cada país para incorporar en su ordenamiento jurídicos las normas emanadas por los órganos del Mercosur y en general, desempeña las tareas que le sean solicitadas por el Consejo del Mercado Común, el Grupo Mercado Común y la Comisión de Comercio.

Como podemos observar de la enumeración anterior, siendo el Mercosur una organización intergubernamental cuyos órganos están constituidos por miembros nombrados por los gobiernos de los Estados parte de acuerdo con las funciones que éstos realizan en sus países de origen y que se reunirán sólo algunas veces al año, es decir, no funcionan permanentemente en una sede fija, no es necesario que dispongan de un presupuesto propio y los gastos que tengan que hacer en virtud del ejercicio de sus atribuciones, salvo el Parlamento del Mercosur y el Alto Representante General del Mercosur, serán sufragados por la Secretaría del Mercosur, cuyo presupuesto debe ser aprobado por el Grupo Mercado Común y es financiado enteramente por contribuciones de los Estados parte en partes iguales.

El Protocolo de Olivos de Solución de Controversias, si bien crea el Tribunal Permanente de Revisión, no establece la existencia de un presupuesto propio para este tribunal sino que dispone que los gastos y honorarios ocasionados por la actividad de los árbitros serán solventados por el país que los designe y los gastos del Presidente del Tribunal Permanente de Revisión serán solventados en partes iguales por los Estados parte en la controversia, a menos que Tribunal decida distribuirlos en proporción distinta (art. 36.2 POSC).

Igualmente, dice el mismo protocolo que los gastos arriba establecidos podrán ser pagados por intermedio de la Secretaría del Mercosur y los pagos podrán ser realizados por intermedio de un Fondo Especial que podrán crear los Estados parte al depositar las contribuciones relativas al presupuesto de la Secretaría, conforme al artículo 45 del Protocolo de Ouro Preto o al momento de iniciarse los procedimientos de arbitraje. Este fondo será administrado por la Secretaría del Mercosur, la cual anualmente deberá rendir cuenta a los Estados parte sobre su utilización.

Así las cosas, la autonomía financiera en el Mercosur no parece existir porque no genera ingresos propios y la organización depende enteramente de los aportes de los Estados parte. Sólo tiene ésta la posibilidad de administrar esos fondos con independencia, una vez que son recibidos de los Estados, pero no tiene el Mercosur ingresos propios que le permitan funcionar con independencia de los gobiernos participantes, al contrario de lo que sucede, por ejemplo, en la Unión Europea, que sí tiene ingresos propios que le permite subsistir sin depender exclusivamente de los Estados miembros.

Esta realidad, en una organización tan marcadamente intergubernamental como el Mercosur, no es extraño que ocurra ya que al no tener independencia frente a los Estados parte, no tiene por qué tener ingresos propios sino que deben ser aquéllos los que exclusivamente contribuyan económicamente a su sostenimiento. Lo que debería sorprender es lo contrario, es decir, que una organización que tenga importantes elementos supranacionales, sin embargo no tenga autonomía financiera, lo que es posible que ocurra y hay un ejemplo de esto: la Comunidad Andina.

La situación anterior lo que nos permite es ratificar la naturaleza intergubernamental del Mercosur porque, si bien la autonomía financiera no es de los elementos que consideremos como fundamentales para catalogar a una organización como supranacional y no es de los determinantes en esta naturaleza jurídica, sin embargo es muy importante para su funcionamiento y nos permite detectar el grado de solidez de la misma, si la hubiere. No obstante, repetimos, la existencia o ausencia de este elemento, aisladamente, no permite definir la naturaleza jurídica de una organización en términos de supranacionalidad o intergubernamentalidad.

5.   *La (im)posibilidad de retiro unilateral del Mercosur por un Estado parte*

Según algunos autores, una manifestación de ausencia de supranacionalidad en una organización internacional es la posibilidad de retiro unilateral de los Estados miembros. Esto porque, al haber una transferencia de competencias a una organización, ningún Estado miembro puede retirarse unilateralmente de la misma ni puede decidirse la disolución de la organización sin el consentimiento de las instituciones comunitarias. Esto porque no está en la esfera de decisión de los Estados miembros, una vez incorporados a una organización en estas condiciones, disponer su retiro de ésta unilateralmente ni decidir su disolución por haber operado una transferencia absoluta y definitiva de competencias, de tal forma que al pasar éstas a la organización, sólo ésta puede decidir el destino, duración y conformación.

Según este criterio, se trata la organización supranacional de una persona jurídica con existencia propia, que ella misma es soberana y por consiguiente tiene independencia y autonomía de los Estados miembros, por lo que no basta que éstos quieran retirarse o disolverla para que esto opere.

No obstante, somos del criterio de que como en las organizaciones supranacionales no opera realmente una cesión de soberanía y transferencia de competencias, no dejan los Estados de ser soberanos en las materias objeto del proceso de integración. Creemos que los Estados siempre conservan la posibilidad de recuperar sus competencias cuando lo deseen porque su titularidad nunca la han perdido, ni la ceden, sino que sólo atribuyen el ejercicio de las mismas hasta que ellos mismos lo decidan y mantienen tal situación mientras convenga a sus intereses. Cuando los países observan que el proceso de integración no es de su conveniencia o afecta sus intereses, que los siguen teniendo distintos a los de la organización, obviamente que pueden retirarse unilateralmente de la misma y eso es inevitable aunque haya habido la atribución del ejercicio de las competencias.

Ahora bien, es cierto que el Tratado de Asunción tiene previsto en su artículo 19 la duración indefinida del mismo, lo cual es ratificado por el artículo 48 del Protocolo de Ouro Preto, pero el artículo 21 de aquél, que sigue vigente según el artículo 50 del Protocolo de Ouro Preto, establece que el Estado parte que desee desvincularse del proceso deberá comunicar esa intención a los demás Estados parte de manera expresa y formal, efectuando dentro de los sesenta días la entrega del documento de denuncia al Ministerio de Relaciones Exteriores de la República del Paraguay, que lo distribuirá a los demás Estados parte.

Formalizada la denuncia, dice el artículo 22 del Tratado, cesarán para el Estado denunciante los derechos y obligaciones que le correspondan a su condición de Estado parte, manteniéndose los referentes al programa de liberación del Tratado y otros aspectos que los demás Estados parte, junto con el Estado denunciante, acuerden dentro de los sesenta días posteriores a la formalización de la denuncia. Esos derechos y obligaciones del Estado denunciante continuarán en vigor por un período de dos años a partir de la fecha de la mencionada formalización.

Como podemos observar, en el Mercosur es posible que un Estado parte se retire unilateralmente de la organización, lo cual, aunado con las determinaciones que hemos hecho en los elementos anteriores, es una ratificación de la naturaleza intergubernamental de la organización. Si bien no consideramos fundamental la ausencia de esta posibilidad como elemento para la afirmación de la supranacionalidad de una organización internacional, y ello es así en tanto y en cuanto se cumplan los otros requisitos que sí consideramos imprescindibles antes mencionados, la presencia o ausencia del presente elemento lo que nos ayudará será a determinar el grado o la intensidad de la supranacionalidad o intergubernamentalidad existente en la organización, mas no su naturaleza misma, la cual se desprenderá de los otros elementos fundamentales.

No obstante, consideramos que aún en el caso de que no se permita el retiro unilateral de una organización internacional en forma expresa en un tratado o no se diga nada, ello no impide realmente algo ínsito a la soberanía de un Estado como es su retiro unilateral de una organización internacional o de una comunidad de Estados porque en un proceso de integración supranacional los Estados no se funden entre sí ni crean una nueva organización soberana tipo Estado.

Sin embargo, en las organizaciones supranacionales la tendencia es que, al serlo, no tengan previsto nada al respecto o que su duración o pertenencia sea indefinida, sin hablar de la posibilidad de denuncia, la cual, aun posible por el Derecho Internacional, es cierto que los procesos de integración a partir de ciertas etapas se hacen irreversibles, tienen un punto de no retorno y con esto, más difícil la posibilidad de retiro unilateral de un Estado del mismo.

6. *Conclusión preliminar sobre la naturaleza jurídica del Mercosur*

Del análisis de los elementos anteriores, la naturaleza jurídica del Mercosur parece muy clara. En primer lugar, se trata de un convenio internacional de tipo subregional que establece las bases de un proceso de integración el cual, si bien comenzó en una de las etapas más incipientes, se encuentra ya en este momento en una fase importante: la unión aduanera, aunque imperfecta.

En segundo lugar, se trata de un proceso de integración que todavía no utiliza el atributo de la supranacionalidad para llevarse a cabo ni técnicas de este tipo para su funcionamiento, al menos como para decir que toda ella es de esta naturaleza. En efecto, vimos que la estructura institucional del Mercosur está constituida por órganos de marcado carácter intergubernamental, como son el Consejo del Mercado Común, el Grupo Mercado Común y la Comisión de Comercio, órganos decisorios de la institución, conformados por representantes de los Estados parte, designados por los gobiernos de éstos y la adopción de sus decisiones se hace a través del consenso, con lo cual no es posible que ocurra una situación que un Estado, por estar en minoría en la votación de una decisión, aun así deba acatarla si la mayoría decide otra cosa, lo que sería típico del funcionamiento supranacional, al menos en parte. Lo que ocurre en estos órganos es que si no hay acuerdo entre todos, no puede haber decisión, todo lo cual nos hace ver que en el Mercosur no ha operado atribución alguna de ejercicio de competencias nacionales a su favor.

Por otro lado, en la estructura institucional del Mercosur no existe un Tribunal de Justicia de carácter permanente, constituido por jueces independientes de los Estados parte y que vele autónomamente por la aplicación, interpretación y cumplimiento de las decisiones y normas de los órganos del Mercosur. Sólo existe un sistema de solución de controversias que funciona a través de Tribunales Arbitrales *ad hoc* y un Tribunal Permanente de Revisión, éste último también arbitral y aunque llamado "permanente", no lo es como un Tribunal de Justicia sino que sólo se constituye cuando es convocado. Por lo tanto, ni unos ni el otro tienen independencia ya que sus árbitros son escogidos por los Estados parte involucrados en la controversias.

En su funcionamiento, estos tribunales utilizan un procedimiento que en lugar de dar autonomía al Mercosur, lo que hace es reforzar su carácter intergubernamental ya que funciona con base en reclamaciones de los Estados parte, cuyo procedimiento se desarrolla casi exclusivamente entre éstos y el laudo arbitral, en los casos de incumplimiento, es ejecutado por ellos mismos, en donde los particulares tienen una participación o intervención muy limitada.

Además, no pueden darse procedimientos de solución de controversias entre los órganos del Mercosur y los Estados parte ni tampoco para solucionar los conflictos de aquéllos entre sí, lo que se entiende evidentemente en la medida en que los órganos del Mercosur responden a una estructura jerárquica e intergubernamental.

Adicionalmente, el único rasgo donde se pudiera haber dado algo de independencia y fortaleza en el régimen jurisdiccional, como es el caso de la reclamación de los particulares, se desenvuelve de una manera tal que durante el procedimiento los particulares son dejados de lado, quedando el mismo finalmente desarrollado entre los Estados parte. Es un procedimiento que si bien puede ser iniciado por solicitud de los particulares, los Estados gozan de una amplia discrecionalidad a la hora de impulsar su tramitación, convirtiéndose en exclusivos protagonistas en la fase de ejecución del laudo si es incumplido.

Sin embargo, este sistema de solución de controversias tiene aspectos significativos, que pudieran ser el inicio de la transformación del Mercosur a un proceso de integración supranacional, lo cual pudiera significar la creación de un verdadero Tribunal de Justicia, como es la aceptación previa, obligatoria *ipso facto* y sin necesidad de acuerdo especial, de la jurisdicción de los tribunales arbitrales por parte de los Estados parte, el carácter obligatorio de los laudos, la adopción de las decisiones por mayoría y la idea de que la integración de los tribunales arbitrales sea por juristas calificados, aunque esto último se diluye porque al final son designados por los Estados parte tomando en cuenta otros criterios no muy objetivos ni profesionales.

Igualmente, llama la atención que el Tribunal Permanente de Revisión puede conocer en única instancia una controversia, sin pasar por los Tribunales Arbitrales *Ad Hoc* si los Estados parte involucrados así lo acuerdan, lo que a la larga puede significar que éste se convierta en la práctica en el único tribunal del sistema si esta práctica se hace recurrente y esto puede hacer convertir este tribunal en un verdadero Tribunal de Justicia si se decide darle las verdaderas características de éste.

No obstante, para algunos, pese a su marcado carácter intergubernamental, un sistema de solución de controversias como el del Mercosur puede hacer más de lo que aparentan sus normas procedimentales porque el procedimiento de controversias entre Estados parte no cubre sólo el control de compatibilidad de la actividad nacional con el Derecho del Mercosur, en el sentido más amplio del término, incluyendo la inactividad, sino también el respeto por los propios órganos del Mercosur del sistema de fuentes.

Ahora bien, la naturaleza intergubernamental del Mercosur no la confirmamos solamente con el estudio de su estructura institucional y el funcionamiento de ésta. También la comprobamos con la ausencia de aplicación de principios muy importantes del Derecho Comunitario europeo, como el de aplicabilidad directa de las normas comunitarias y el de primacía del Derecho Comunitario sobre los derechos nacionales en caso de conflicto.

Ciertamente, observamos que al no haber una comunidad de Estados ni atribución de ejercicio de competencias nacionales a los órganos del Mercosur, son los Estados parte los que realmente dictan las decisiones a través de aquéllos y ello hace, al ser actuaciones típicas del Derecho Internacional Público, que no exista inmediatez de las normas y actos del Mercosur en la esfera jurídica de los ciudadanos de los Estados parte sino que, en todo caso, el Derecho del Mercosur va dirigido a los propios Estados.

Así las cosas, al no haber Derecho Comunitario propiamente dicho generado por los órganos del Mercosur sino Derecho Internacional, no es posible la aplicación de los principios de aquél derecho en el Mercosur, motivo por el cual es necesario que cada Estado parte incorpore a su derecho interno cada una de las normas de los órganos del Mercosur, de acuerdo con su normativa constitucional y legal interna, salvo unas puntuales excepciones que no cambian esta naturaleza, lo cual queda patentemente demostrado con el establecimiento en el Protocolo de Ouro Preto del principio de la vigencia simultánea que comentaremos más adelante y que es un típico mecanismo creado en el Mercosur donde precisamente la regla es la internalización de sus normas y no su aplicación directa.

En todo caso, dependerá del ordenamiento jurídico nacional de cada Estado parte la forma de incorporación de las normas del Mercosur, para que éstas tengan validez y eficacia internas, ya sea a través de una ley, de un acto de gobierno o de un acto administrativo. Inclusive pudiera darse el caso, porque la Constitución sea monista, que por voluntad del derecho nacional, básicamente de la Carta Magna, el Derecho del Mercosur no tenga la necesidad de ser incorporado formalmente al derecho nacional a través de un acto expreso interno sino que baste su publicación en la Gaceta Oficial de ese país para su vigencia. Pero, de cualquier manera, será una normativa interna, y no del Mercosur, la que establezca esa posibilidad.

No obstante, esta posibilidad en nada cambia la naturaleza intergubernamental del Mercosur porque esa eventualidad depende del derecho nacional y esta dependencia nos reafirma el carácter intergubernamental del Mercosur porque cuando hay supranacionalidad, la forma de incorporación al derecho interno de las normas comunitarias, cuando es necesaria, es decidida por los propios órganos de la comunidad y sus tratados y no por los derechos de los Estados miembros, salvo que el órgano comunitario diga lo contrario y con esto, el principio de eficacia directa de las normas comunitarias y la consecuente primacía del Derecho Comunitario sobre el derecho nacional en caso de conflicto entre ellos.

El tercer elemento que nos ayudó a confirmar la naturaleza intergubernamental del Mercosur fue la coacción sobre los Estados parte por la organización. En las organizaciones supranacionales es éste un elemento característico porque al tener los órganos de la comunidad independencia de los Estados miembros, en caso de incumplimiento de la normativa comunitaria pueden éstos actuar contra aquéllos, generalmente a través del órgano ejecutivo o del Tribunal de Justicia, porque está en manos del poder público comunitario hacerlo y aplicar sanciones, como podrían ser las multas, con la subsiguiente responsabilidad de los Estados miembros frente a la comunidad, que se puede traducir en una indemnización por daños o perjuicios, además de la responsabilidad que puedan tener frente a sus propios ciudadanos.

En el Mercosur tal posibilidad existe a medias, pero, en todo caso, esta "media" posibilidad, en lugar de dar algún rasgo de supranacionalidad, lo que hace es ratificar la existencia intergubernamentalidad. Ello porque los órganos del Mercosur no pueden exigir a los Estados parte de manera coactiva el cumplimiento de la normativa de sus órganos directamente sino que deben ser los Estados parte los que activen el procedimiento ante un Tribunal Arbitral *ad hoc* como ya vimos o directamente ante el Tribunal Permanente de Revisión. Los órganos del Mercosur lo único que pueden hacer en este procedimiento es dar su opinión, que en definitiva no es vinculante porque quien dicta el laudo arbitral es el respectivo tribunal arbitral, nombrados sus miembros por los Estados parte involucrados en la controversia.

Sin embargo, dijimos que hay una existencia "a medias" de la coacción porque es posible que un Estado parte intente una reclamación contra otro Estado parte por incumplimiento de las normas del Mercosur, pero el laudo arbitral no puede ser ejecutado por los órganos del Mercosur, lo cual sería la manifestación supranacional de la coacción, sino que el que puede exigir el cumplimiento del laudo arbitral es el Estado parte reclamante.

Luego, no existe coacción de la organización sobre los Estados parte sino que, si existe, es una coacción muy indirecta porque el Estado parte ejecuta un laudo de un tribunal arbitral del Mercosur pero, a la vez, este Tribunal no es independiente sino que está conformado por árbitros nombrados por los Estados parte.

Por lo anterior, el elemento de coacción supranacional que detectamos "a medias" se debilita y desvanece, para convertirse en la confirmación de la naturaleza intergubernamental de la organización ya que las posibilidades de control de los incumplimientos sólo se pueden hacer entre los Estados parte y no por la propia organización, por lo que el Tribunal Arbitral *ad hoc* o el Tribunal Permanente de Revisión son, a fin de cuentas, meros espectadores de la ejecución del laudo dictado.

De lo anterior surge, a lo sumo, es la procedencia, posteriormente, si el Estado reclamante insiste, es, además del cumplimiento del laudo, una solicitud de resarcimiento por daños y perjuicios ante un tribunal nacional por parte del Estado reclamante contra el Estado incumplidor, aparte de las facultades que da el Protocolo de Olivos de Solución de Controversias a aquél para adoptar medidas compensatorias temporarias, tales como la suspensión de concesiones u otras equivalentes.

Con respecto a la responsabilidad que pueda tener el Estado incumplidor frente a los ciudadanos, consideramos de difícil procedencia una reclamación de este tipo basada exclusivamente en la normativa del Mercosur. Esto dependerá de las normas nacionales que se dicten, en virtud de que al ser dirigido el Derecho del Mercosur a los Estados parte y no tener incidencia directa en la esfera jurídica de los ciudadanos hasta que sea incorporada a los ordenamientos jurídicos nacionales por aquéllos, salvo que se permita la incorporación directa, previa publicación nacional, por establecerlo así el derecho interno como ya dijimos, los ciudadanos no podrán reclamar a un Estado por unas normas de las que no son destinatarios, por lo que para ellos todavía jurídicamente no existen, a diferencia de lo que sucede en las organizaciones supranacionales en las que lo normal es la aplicación y efecto directo y hay verdadera inmediatez del Derecho Comunitario, lo cual se ha extendido incluso a las directivas, que originalmente no la tenían.

En todo caso, hasta tanto la normativa mercosureña no haya sido incorporada por el Estado parte a su ordenamiento jurídico y luego de esto, un ciudadano decida entonces intentar un reclamo por responsabilidad del Estado incumplidor, aquél deberá tener como base de su acción la normativa interna dictada o la no emanada siendo su deber (inactividad), pero no propiamente la normativa del Mercosur. Esta acción de responsabilidad dependerá en sus requisitos, tanto procesalmente como sustancialmente, del ordenamiento interno de cada uno de los Estados parte.

Con los tres elementos anteriores, éstos son, la estructura institucional y su funcionamiento, la incidencia del Derecho del Mercosur en los países participantes y sus ciudadanos y la coacción de la organización sobre los Estados parte, podemos determinar la naturaleza jurídica intergubernamental de la organización, la cual fue confirmada con otros elementos, ya no fundamentales pero sí muy importantes para su funcionamiento, como son la ausencia de autonomía financiera del Mercosur como organización y la posibilidad de retiro unilateral de cualquier Estado de la misma, que tampoco existen porque el Mercosur no tiene ingresos propios, aun estando ya en etapa de unión aduanera, sino que depende enteramente de las contribuciones de los Estados parte y porque cualquiera de éstos puede denunciar el Tratado y sus protocolos y retirarse unilateralmente, todo lo cual nos hace ver que la organización no tiene verdadera autonomía de los Estados parte sino que depende de ellos para funcionar y permanecer en el tiempo.

Si bien es cierto que no se creó en 1991 un orden jurídico supranacional como ya vimos y hasta el día de hoy no se ha hecho todavía, en el fondo, por la naturaleza y objeto mismo del Tratado de Asunción, del Protocolo de Brasilia y del Protocolo de Ouro Preto, incluso el POSC, se está apuntando hacia un cierto orden jurídico supranacional o por lo menos para una coordinación o armonización de las legislaciones nacionales. Y esto se observa cuando el Tratado de Asunción desde sus primeras líneas tiene presente la palabra integración dentro de sus objetivos fundamentales. Luego aparece la idea de que avance hacia etapas superiores, concretamente un mercado común, de lo cual ha salido hasta ahora una unión aduanera, a partir del 1 de enero de 1995, después de pasar por etapas más incipientes.

En todo caso, no se trata de un simple acuerdo de cooperación internacional con el fin de constituir, por ejemplo, una zona de libre comercio, sin ninguna ambición futura. En el Mercosur se inició un proceso de integración con un resultado en un plazo razonable, aunque este plazo fue demasiado optimista al principio (1 de enero de 1995), que el Tratado de Asunción lo ha ubicado en un mercado común, aunque pudiera ser una meta más importante la que se logre al final como sería una unión económica.

Igualmente, se trata de un convenio internacional en el cual se busca la conformación de un nuevo espacio territorial para que los Estados participantes, manteniendo su individualidad, realicen ciertas actividades económicas determinadas en el tratado y su derecho derivado, sin barreras arancelarias, aduaneras o de otra índole y sobre todo sin discriminación entre ellos, espacio en el cual los factores productivos puedan desplazarse libremente, para lo cual deberán agotarse varias etapas, que los fundadores del Mercosur no quisieron ver pero que la realidad las ha hecho necesarias y así como el Tratado de Asunción y el Protocolo de Ouro Preto no tienen previsto la conformación de instituciones supranacionales, ya la realidad están haciendo necesarias las mismas, que nosotros creemos deberán ser antes de la constitución del mercado común.

Sin embargo, si es posible antes, ello debería hacerse porque la verdadera unión aduanera, al poder tener tanta incidencia en los ciudadanos de los Estados partes, ya implica la necesidad de órganos comunitarios permanentes e independientes, que se ocuparán de la aplicación de los principios de Derecho Comunitario básicos, como son la eficacia directa de las normas comunitarias y la primacía del éstas sobre los derechos nacionales en caso de conflicto, y por supuesto sus principios complementarios (la responsabilidad de los Estados por incumplimiento del Derecho Comunitario y la seguridad jurídica en la integración del mismo).

Mientras tanto, el proceso de integración mercosureño avanza con las siguientes características: en primer lugar, es un proceso de integración regional, por los objetivos que se ha trazado y en segundo lugar, es un proceso de integración de carácter intergubernamental, por las tantas razones que ya hemos indicado, que estamos seguros de que a medida que avance, deberá incorporar mecanismos de funcionamiento de carácter supranacional, que podrán coexistir con los anteriores, especialmente si este proyecto comienza a abarcar aspectos que vayan más allá de los económicos, como ya ocurrido en parte como proceso a un mercado común que es.

CAPÍTULO IV

LA INTERNALIZACIÓN DE LAS NORMAS DEL MERCOSUR EN LOS ESTADOS PARTE SEGÚN SUS TRATADOS Y PROTOCOLOS Y LA APLICACIÓN DE LAS NORMAS DEL MERCOSUR EN VENEZUELA

I. LA INTERNALIZACIÓN DE LAS NORMAS DEL MERCOSUR EN LOS ESTADOS PARTE SEGÚN SUS TRATADOS Y PROTOCOLOS

Como dijimos en otra parte de este trabajo, de acuerdo con el Protocolo de Ouro Preto (POP) en sus artículos 9, 15 y 20, las decisiones de los órganos del Mercosur son obligatorias para los Estados parte. Ahora bien, ¿significa la obligatoriedad de estas decisiones que valen por sí solas y en consecuencia, son de aplicación directa, sin necesidad de internalización en cada uno de los Estados parte o que, como sucede con el Derecho Internacional en general, ellas deben ser acatadas y hacerse todo lo posible para cumplirlas, incluyendo su internalización?.

Según el POP, decir "obligatorias" no significa que las decisiones del Mercosur sean Derecho Comunitario, con efecto y aplicación directa en los países miembros, como es la naturaleza de este derecho, sino que los Estados parte, especialmente sus gobiernos, deben hacer todo lo posible cumplirlas, lo que incluye su internalización cuando cada derecho nacional lo exija, la cual deben hacer a través de los mecanismos propios que establezcan la Constitución y las leyes de cada uno de los Estados parte.

En este sentido, el artículo 38 POP dispone que los Estados parte se comprometen a adoptar todas las medidas necesarias para asegurar en sus respectivos territorios el cumplimiento de las normas emanadas de los órganos del Mercosur y de esta manera es que debe entenderse la obligatoriedad de las normas mercosureñas, de acuerdo con los mencionados artículos 9, 15 y 20 del POP y en virtud de esto, deben los Estados internalizarlas en sus ordenamientos jurídicos, dependiendo si éstos acogen la tesis dualista o monista.

En este orden de ideas, no hay posibilidad de considerar existente en el Mercosur del principio de aplicabilidad directa de su derecho, al menos como regla y mucho menos derivada ésta de los tratados constitutivos o derecho originario, sino que tal aplicabilidad directa sólo será posible si ello lo establece alguna de las Constituciones nacionales, lo cual pudiera ocurrir, como es el caso de la Carta Magna de Venezuela (art. 154), que permite la aplicación directa de normas internacionales, además de las propiamente comunitarias (art. 153), cuando son desarrollo o ejecución de tratados previamente aprobados por el órgano legislativo nacional, lo cual es una excepción a la regla de la aprobación legislativa nacional.

En todo caso, los Estados parte deben tomar las medidas necesarias, una vez que el Derecho del Mercosur ha sido internalizado o se considere nacionalmente de aplicación directa, para que la efectividad de éste sea la deseable, lo cual debe hacerse a través de la derogación, anulación, revocación y en general, eliminación del mundo jurídico de las normas nacionales que puedan entrabar el efecto deseado con las normas del Mercosur, aspecto éste que coincide con otro principio muy importante del Derecho Comunitario, pero no por serlo, como es el de seguridad jurídica en la integración del mismo en los Estados, pero en este caso equivalente al existente en el Derecho Internacional.

Por otro lado, el POP establece en su artículo 40, como decíamos en la conclusión preliminar del capítulo anterior, un complejo procedimiento en el que, al no haber como regla la mencionada aplicación directa del Derecho del Mercosur, debe establecerse un mecanismo de vigencia simultánea del mismo, para que no haya distintas fechas de entrada en vigencia, dependiendo de los derechos nacionales, como sería si no existiera este mecanismo, con el cual se garantiza mayor seguridad jurídica y uniformidad en la eficacia de tales normas, buscando algo del efecto práctico que tiene el Derecho Comunitario con sus principios naturales y rectores de aplicación y efecto directo y primacía.

Según este mecanismo de vigencia simultánea, cada Estado parte debe adoptar las medidas necesarias en su ordenamiento jurídico nacional para hacer la recepción de la normativa del Mercosur, de acuerdo con los cánones clásicos del Derecho Internacional, de acuerdo a lo que establezca la Constitución correspondiente. Luego, cada Estado parte debe comunicar a la Secretaría del Mercosur la realización de esta exigencia o la no necesidad de hacerla, según su derecho nacional, la cual, una vez recibidas las comunicaciones de los Estados parte, notificará a ellos esta situación.

Luego de este último procedimiento, la norma del Mercosur entrará en vigor simultáneamente en los Estados parte treinta días después de la fecha de la comunicación efectuada por la Secretaría a los Estados parte participando la realización de los trámites respectivos o el cumplimiento de lo necesario para ello en los mismos, según cada derecho nacional. Asimismo, los Estados parte, dentro del plazo mencionado, darán publicidad interna de la vigencia de las referidas normas por intermedio de sus respectivos diarios oficiales.

Importante destacar el artículo 39 POP, el cual, literalmente, pudiera hacer pensar que la naturaleza jurídica del Derecho del Mercosur es comunitaria ya que expresa que "[l]as normas emanadas de los órganos del Mercosur (...) tendrán carácter obligatorio y, *cuando sea necesario*, deberán ser incorporadas a los ordenamientos jurídicos nacionales mediante los procedimientos previstos por la legislación de cada país".

Pudiera pensarse por esta última frase, colocada en cursivas nuestras en el extracto "cuando sea necesario", en nuestro criterio en sentido estrictamente literal y sacándola fuera de contexto, que ella refleja el carácter comunitario del Derecho del Mercosur y es la internalización una excepción, cuando la realidad jurídica de todo el derecho originario nos dice que, de acuerdo con la naturaleza jurídica del Mercosur (intergubernamental) que puede obtenerse de los tratados y protocolos constitutivos, la excepción es la aplicación directa y en todo caso, la posibilidad de ésta dependerá de lo que diga cada derecho nacional y no del Mercosur.

Por último, en relación con la normativa del POP sobre la vigencia de las normas de los órganos del Mercosur, el artículo 39 establece que serán publicados en el Boletín Oficial del Mercosur, íntegramente en los idiomas español y portugués, el tenor de las Decisiones del Consejo del Mercado Común, de las Resoluciones del Grupo Mercado Común, de las Directivas de la Comisión de Comercio del Mercosur y de los Laudos Arbitrales de solución de controversias, así como cualquier acto al cual el Consejo del Mercado Común o el Grupo Mercado Común entiendan necesario atribuirle publicidad oficial.

En todo caso, esta última publicidad no es la que da vigencia a la normativa del Mercosur respectiva sino que ella será sólo para fines informativos ya que la publicidad jurídica sólo será posible a través de los mecanismos internos en cada Estado miembro, salvo que se trate de las normas que veremos excepcionalmente no necesitan internalización, lo que incluye la publicación en los diarios oficiales nacionales y no su prohibición como sucede con el Derecho Comunitario.

Posteriormente, el Consejo del Mercado Común, a través de la Decisión N° 23/00, aparte de ratificar que conforme al POP las Decisiones, Resoluciones y Directivas son obligatorias para los Estados parte y "cuando sea necesario" deberán ser incorporadas a los ordenamientos jurídicos nacionales (art. 1) y que los Estados parte deberán notificar a la Secretaría del Mercosur, de conformidad con el artículo 40 (i) POP, la incorporación de normas del Mercosur a sus ordenamientos jurídicos nacionales (art. 2) y que luego de la incorporación de una norma por todos los Estados parte, la Secretaría del Mercosur deberá notificar el hecho a cada Estado, en cumplimiento del artículo 40 (ii) POP y la fecha a partir de la cual la referida norma entrará en vigencia simultánea es la prevista en el artículo 40 (iii) POP (art. 3), DECIDIÓ que las normas emanadas de los órganos del Mercosur "no necesitarán de medidas internas de incorporación" (art. 5), excepcionalmente agregamos nosotros, en los términos del artículo 42 del POP, cuando:

a) Los Estados parte entiendan conjuntamente que el contenido de la norma trata de asuntos relacionados al funcionamiento interno del Mercosur.

b) Existe norma nacional que contempla en idénticos términos el contenido de la norma Mercosur aprobada.

Como puede verse, pese a esto que acabamos de transcribir, lo cual es, insistimos, excepcional, no existe en el Mercosur la regla del efecto directo al estilo comunitario europeo y andino ya que en el Mercosur no hay una realidad comunitaria porque no se ha constituido una comunidad de Estados en el sentido estricto del término, que es la única manera de que se pueda generar Derecho Comunitario.

Así las cosas, las normas dictadas por los órganos del Mercosur son de naturaleza internacional, no comunitaria, porque no provienen del ejercicio por esta organización de competencias atribuidas a ella por los Estados parte y por esto, como regla, deben ser objeto de todos los procedimientos internos en cada caso para que tales normas y actos tengan validez y eficacia en cada país, de acuerdo con los principios tradicionales de Derecho Internacional.

Esta última Decisión del Mercosur que transcribimos, si bien pareciera establecer el efecto directo como si fueran normas comunitarias la de esta organización, realmente no lo hace sino que prevé situaciones puntuales, aceptables dentro del Derecho Internacional, en donde puede considerarse a éste de aplicación directa, en uno porque se trata de aspectos meramente internos de la organización que obviamente no necesitan de aprobaciones nacionales porque sólo incumben a ésta y en el otro porque ya habido de alguna manera una aprobación nacional de la norma.

No obstante, creemos que tales excepciones, al no estar previstas en los tratados y protocolos del Mercosur, primero, debieron preverse en éstos a través de un protocolo modificatorio del POP y ser sometido éste a los parlamentos nacionales, como lo exige el tratado de Asunción y en el peor de los casos, si esto resultaba muy engorroso, la propia Decisión debió someterse a la aprobación de los parlamentos nacionales, al ir en contra de la naturaleza del Mercosur que aparece en su derecho originario, aun cuando pareciera ser muy práctica y hasta cierto punto razonable, lo que hubiera sido mucho mejor que decir simplemente, como dijo esta Decisión, palabras más o palabras menos, que ella no requería de internalización o de aprobaciones nacionales por establecer aspectos internos de la organización y en consecuencia, sólo se publicó en el órgano de divulgación interna de la misma y no sometida a las aprobaciones nacionales en los Estados parte, lo que no resulta jurídicamente válido porque contiene una excepción que no es para nada un aspecto interno del Mercosur sino algo que tiene que ver con la situación en los derechos nacionales respectivos, como es cuando el contenido de la norma Mercosur ya existe en una ley estatal.

II. LA APLICACIÓN DE LAS NORMAS DEL MERCOSUR EN VENEZUELA

1. El deber ser

Con lo visto hasta ahora ya estamos en capacidad de saber de qué manera deberían aplicarse las normas del Mercosur en Venezuela. Para esto tenemos que diferenciar el llamado "derecho originario" o primario del Mercosur del "derecho derivado" o secundario, es decir, las normas internacionales que se dicten posteriormente para el desarrollo y ejecución de aquél, visto que el Tratado Constitutivo del Mercosur y sus protocolos anexos, como el POP, son tratados-marco, esto es, que no contienen ni pretender contener toda la normativa del proceso de integración y la organización sino que los mismos deben ser desarrollados con normas internacionales posteriores de menor rango jurídico.

Esto último es importante porque no es lo mismo, a los efectos de nuestra Carta Magna, los trámites internos a los que debe someterse el derecho originario del Mercosur que los del llamado derecho secundario como vimos.

Constitucionalmente hablando en Venezuela, para el derecho primario resulta claro que, como tratados internacionales que son, el Tratado Constitutivo del Mercosur y sus protocolos constitutivos o modificatorios deben pasar por el tamiz legislativo que establece el artículo 154, como de hecho quedó expresado en Ley Aprobatoria del Protocolo de Adhesión de la República Bolivariana de Venezuela al Mercosur, dictada por la Asamblea Nacional del 13 de julio de 2006 y otras posteriores que se han dictado relativas al mismo proceso[1], para lo cual no importa si el tratado es de integración o de cooperación sino que sea internacional.

---

[1] Aparte de la Ley Aprobatoria del Protocolo de Adhesión de la República Bolivariana de Venezuela al Mercosur, que incluye su Tratado Constitutivo y sus Protocolos Anexos e incluyen todo el acervo normativo del Mercosur hasta esta fecha, también la Asamblea Nacional venezolana ha dictado Leyes Aprobatorias para los Protocolos Constitutivos del Parlamento del Mercosur (2013), Protocolo Modificatorio del Protocolo de Olivos para la Solución de Controversias del Mercosur (2013), Protocolo de Montevideo sobre Compromiso con la Democracia (Ushuaia II) (2012) y Protocolo de Adhesión del Estado Plurinacional de Bolivia al Mercosur (2013).

Lo que sí es importante en lo que respecta al Mercosur es que su Tratado Constitutivo y anexos son tratados-marco, es decir, que establecen las grandes líneas del proyectos y sus características generales, así como su organización internacional, su forma de actuar y la constitución y competencias de sus órganos, pero necesitan ser desarrollados en cada aspecto del proceso que necesite ser regulado por normas internacionales concretas de menor rango de varios tipos, como las Decisiones, las Resoluciones y las Directivas, las cuales, como normas internacionales que son, debemos determinar si éstas también necesitan pasar por el proceso de internalización establecido, como se hizo con el Protocolo de Adhesión de la República Bolivariana de Venezuela al Mercosur, el cual incluyó el Tratado Constitutivo de este proceso y sus Protocolos Anexos, hechos hasta la fecha ante la Asamblea Nacional venezolana, por exigirlo claramente la Constitución vigente.

Es precisamente respecto al derecho derivado o de desarrollo del Mercosur donde debemos determinar si necesita aprobación legislativa en cada caso, como una vez se quiso hacer y hasta llegó a decirlo una Ley Aprobatoria del antiguo Congreso Nacional venezolano respecto al derecho derivado de la Comunidad Andina, que en esa época (1988) no había una realidad constitucional como la actual, pero igual pudo haber dicho que ello no era necesario porque el artículo 128 de la Constitución de 1961 así lo permitía como excepción en casos precisamente de desarrollo de un tratado-marco[2].

---

[2] Sobre esta ley aprobatoria y la sentencia que dio lugar por impugnación que hizo el ilustre venezolano, Profesor José Guillermo Andueza, véase el artículo Suárez Mejías, Jorge Luis, "Los principios rectores del derecho comunitario europeo en el Acuerdo de Cartagena", *Revista de la Facultad de Ciencias Jurídicas y Políticas,* N° 100, Universidad Central de Venezuela, Caracas, 1996.

Para obtener una conclusión sobre esto último respecto al Mercosur y de acuerdo a las normas constitucionales venezolanas de 1999, es importante haber determinado que el Mercosur es un proceso de integración y no simplemente un tratado de cooperación internacional, lo cual ya vimos que tiene relevancia porque en la Constitución de 1999 esta manera de establecerse relaciones internacionales tiene una regulación especial que no la había en su precedente y hace aplicable, al menos parcialmente, el artículo 153 de la Ley Fundamental al Mercosur, que es la gran norma constitucional sobre la integración en Venezuela.

Pero también sabemos que este último artículo tiene una segunda parte, aunque no parezca así porque todo él está redactado en un solo párrafo sin diferenciar sus distintos aspectos. En este sentido, si bien es aplicable al Mercosur la primera parte del artículo 153 constitucional, como dijimos arriba, como mecanismo de integración que es, también vimos que la segunda parte de este artículo ya no lo es tanto porque regula la llamada integración supranacional, que no es el caso del Mercosur, la cual tiene características muy especiales en su tratamiento constitucional, como es que sus normas de desarrollo o derecho derivado no necesitan aprobación legislativa, como debe hacerse con los tratados constitutivos o derecho primario, sino que son de aplicación directa y preferente al derecho nacional y son parte del ordenamiento "legal" vigente en Venezuela.

Por esto es importante determinar, no sólo que el Mercosur es sin lugar a dudas un proceso de integración sino haber establecido que el mismo no es de naturaleza supranacional, por lo cual resulta inaplicable a este proceso y su organización internacional la segunda parte del artículo 153 porque, al no haber supranacionalidad como atributo del mismo, no puede ser una regla, constitucionalmente hablando, como lo permite este último artículo, que las normas del derecho derivado del Mercosur sean de aplicación directa y preferente y parte integrante del ordenamiento "legal" venezolano, que además vimos que en el Mercosur esto tampoco se dice en su tratados y protocolos constitutivos sino todo lo contrario, es decir, que la regla es la necesidad de internalización de sus normas en cada país y un engorroso mecanismo de vigencia simultánea de las mismas, salvo dos excepciones muy concretas, que como excepciones muy puntuales que son no creemos que cambien la naturaleza jurídica de tales normas y mucho menos de toda la organización, la cual es intergubernamental.

En este orden de ideas, si el Mercosur no es un proceso de integración cuya organización disfrute de atribución de ejercicio de competencias nacionales por parte de los Estados parte (supranacionalidad), su derecho secundario no puede gozar de las posibilidades de aplicación directa y preferente establecidas en la segunda parte del artículo 153 constitucional venezolano y en consecuencia, debemos ocurrir completamente al artículo 154 para su regulación, en virtud de la naturaleza internacional de estas normas y como tales aplicable, en principio, la obligatoriedad de una Ley Aprobatoria de la Asamblea Nacional en cada caso, como llegó a decir el Congreso de la República venezolano en el caso CAN bajo la Constitución de 1961 y su artículo 128, pese a que este proceso y su organización era de naturaleza supranacional, pero no había un artículo equivalente al actual 153 constitucional.

No obstante, el artículo 154 constitucional venezolano, así como dispone la regla para los tratados internacionales de la necesidad de aprobación legislativa por la Asamblea Nacional antes de su ratificación por el Presidente de la República, al mismo tiempo establece una serie de excepciones a la necesidad de la misma. En este sentido dispone el artículo 154 como excepciones a la anterior regla "aquellos mediante los cuales se trate de ejecutar o perfeccionar obligaciones preexistentes de la República, aplicar principios expresamente reconocidos por ella, ejecutar actos ordinarios en las relaciones internacionales o ejercer facultades que la ley atribuya expresamente al Ejecutivo Nacional".

Así las cosas, para la aplicación de estas excepciones al derecho derivado del Mercosur, según establece el artículo 154 constitucional, tenemos que determinar que se trate de tratados internacionales o normas de este tipo y que éstas no sean a las que se refiere la segunda parte del artículo 153 de la Ley Fundamental venezolana.

Ya hemos dicho que al no ser el Mercosur un proceso de integración supranacional, tal segunda parte del artículo 153 de la Constitución resulta inaplicable, sobre todo en lo referente al llamado derecho secundario. Sin embargo, esto no quiere decir que tales normas deban ser objeto de trámite interno o ley aprobatoria nacional porque el artículo 154 establece excepciones a esta regla, aun cuando no sean comunitarias.

En este orden de ideas vemos que al ser aprobado por Ley de la Asamblea Nacional el Protocolo de Adhesión de Venezuela al Tratado Constitutivo del Mercosur y sus Protocolos posteriores, tratándose éstos de "tratados-marco", en nuestro criterio, aunque tales tratados no establezcan una realidad supranacional por no haber atribución de ejercicio de competencias, no obstante igual pudiera haber aplicabilidad directa del Derecho Internacional, en este caso del Mercosur y concretamente su derecho derivado, porque éste se encarga de desarrollar las obligaciones que asumió la República Bolivariana de Venezuela cuando aprobó y ratificó estos tratados.

Inclusive, pudiera pensarse también aplicable al derecho derivado del Mercosur y con esto también su aplicación directa, aun cuando no es Derecho Comunitario, la segunda excepción del artículo 154 a la Ley Aprobatoria de la Asamblea Nacional, por estar aplicándose con tales normas "principios expresamente reconocidos por ella [la Constitución]", como son los que expresan el Preámbulo de "consolidar la integración latinoamericana" y la primera parte del artículo del artículo 153 según el cual "[l]a República favorecerá y promoverá la integración latinoamericana y caribeña, en aras de avanzar hacia la creación de una comunidad de naciones, defendiendo los intereses económicos, sociales, culturales, políticos y ambientales de la región", agregando además este artículo que "[l]a República podrá suscribir tratados internacionales que conjuguen y coordinen esfuerzos para promover el desarrollo común de nuestras naciones y que garanticen el bienestar de los pueblos y la seguridad colectiva de sus habitantes".

Como puede verse, resulta claro, ya no por el artículo 153 sino por aplicación del 154 constitucional venezolano, que habiendo sido aprobados por Ley de la Asamblea Nacional los tratados y protocolos constitutivos o derecho originario o primario del Mercosur y siendo éstos tratados-marco, los cuales, por esta característica, necesitan de ejecución y desarrollo posteriores a través de otras normas de menor rango del Mercosur (Decisiones, Resoluciones y Directivas), éstas no necesitan de aprobación legislativa por serles aplicables al menos dos de las excepciones constitucionales de este artículo en este sentido.

Así las cosas, aunque las normas del Mercosur de derecho derivado no traten aspectos de funcionamiento interno de la organización ni su contenido se encuentre ya en la legislación interna, situaciones éstas que, según la Decisión CMC 23/00 del Mercosur, no necesitan ya de internalización en los Estados parte y en consecuencia, no es necesario el mecanismo de vigencia simultánea establecido en el POP (artículo 40), igual las normas del Mercosur de este tipo no necesitan esta aprobación legislativa en Venezuela por permitirlo el artículo 154 de la Constitución venezolana.

En resumen, la aplicación de las normas del Mercosur en Venezuela será de la siguiente manera:

a) El derecho originario o primario del Mercosur (tratados y protocolos constitutivos) debe ser objeto de Ley Aprobatoria de la Asamblea Nacional en cada caso que se produzcan y sus modificaciones, según el artículo 154 constitucional.

b) El derecho derivado o secundario del Mercosur (Decisiones, Resoluciones y Directivas) no necesita ser aprobado legislativamente por la Asamblea Nacional por aplicar al menos dos de las excepciones que establece la Constitución venezolana en el artículo citado a esta regla.

c) Las normas del Mercosur que se refieran a su funcionamiento interno o cuyo contenido ya esté en la legislación interna, de acuerdo con Decisión CMC 23/00 del Mercosur, tampoco necesitan aprobación legislativa nacional.

2. *El ser*

Pese a que la situación constitucional, incluso respecto al derecho originario del Mercosur, parece muy clara como acabamos de ver, sin embargo la práctica en Venezuela ha sido la de incorporar expresamente al ordenamiento jurídico venezolano cada norma del Mercosur, independientemente de sus características, especialmente las Resoluciones del Grupo Mercado Común, a través de actos administrativos nacionales (Resoluciones Ministeriales) y no por leyes aprobatorias de la Asamblea Nacional, como en otra época el Congreso de la República pretendió hacer con las Decisiones de la Comunidad Andina.

Las razones que alegan los ministerios correspondientes para actuar de esta manera, de acuerdo con lo expresado por esas resoluciones[3], es que el Protocolo de Adhesión de la República Bolivariana de Venezuela al Mercosur, aprobado por ley de la Asamblea Nacional del 13 de

---

[3] Véanse, por ejemplo, *Gaceta Oficial de la República Bolivariana de Venezuela* N° 40.619 y 40.700 de fechas 12 de marzo de 2015 y 10 de julio de 2015, donde aparecen publicadas gran parte de las Resoluciones Ministeriales dictadas al efecto, de los Ministerios del Poder Popular para la Salud y de Agricultura y Tierras.

julio de 2006, establece en su artículo 3 el compromiso de adoptar el acervo normativo del Mercosur, en un plazo de 4 años a partir de su entrada en vigencia y según lo establecido en los artículo 38, 40 y 42 del POP, las normas del Mercosur adoptadas por sus distintos órganos, "son obligatorias y deben ser incorporadas, cuando ello sea necesario, al Ordenamiento Jurídico Nacional de los Estados Partes (*sic*), mediante los procedimientos previstos en su legislación" y comunicarán las mismas a la Secretaría del Mercosur cuando todos los Estados parte hubieren informado la incorporación a sus respectivos ordenamientos jurídicos internos, la Secretaría del Mercosur comunicará este hecho a cada Estado parte.

Asimismo, disponen las mencionadas Resoluciones Ministeriales que conforme a los artículos 3, 14 y 15 de la Decisión 20/02 del Consejo del Mercado Común, las normas del Mercosur que no requieran ser incorporadas por vía aprobación legislativa "podrán" ser incorporadas por vía administrativa por medio de actos del Poder Ejecutivo" y que el artículo 7 de la citada Decisión establece que las normas del Mercosur deberán ser incorporadas a los ordenamientos jurídicos de los Estados parte en su texto integral.

CONCLUSIÓN

No creemos, por las razones constitucionales que vimos antes, que la incorporación expresa de las normas del Mercosur es necesaria a través de Resoluciones Ministeriales en Venezuela, lo cual determinamos que la Constitución venezolana no tiene previsto sino todo lo contrario, la posibilidad de su aplicación directa en Venezuela, sin necesidad de aprobación legislativa ni administrativa sino sólo publicación oficial.

Sólo aparece la figura de la incorporación administrativa en las normas internas del Mercosur (Decisión 20/02), en todo caso como una opción ("podrá") para los Estados parte, en nuestro criterio dependiendo de lo que prevea el derecho nacional, que el POP dispone tal necesidad de incorporación interna "cuando ello sea necesario", entendida esta expresión, como lo dejamos establecido en partes anteriores, como "de acuerdo al derecho nacional" y no cuando lo decida el Mercosur al no tener esta organización naturaleza supranacional o comunitaria.

También creemos que el artículo 7 de la Decisión 20/02 del Consejo del Mercado Común, cuando dice que las normas del Mercosur "deberán ser incorporadas a los ordenamientos jurídicos de los Estados Partes en su texto integral", debe entenderse la palabra "incorporadas" como "publicadas" ya que, los tratados y protocolos constitutivos del Mercosur dejan el proceso de incorporación a lo que prevean los derechos nacionales y en el caso venezolano, al no ser ella necesaria, lo que debe hacerse, en consecuencia, es solo la publicación en *Gaceta Oficial* interna, lo cual no significa propiamente "incorporación" como lo dice la Decisión 20/02 del Mercosur sino "divulgación" o darle eficacia a la norma, analizando esto en su contexto, al no ser el Mercosur un proceso de integración comunitario.

Lo anterior queda ratificado por la misma Decisión CMC 20/02 cuando dice en su artículo 11 que si un Estado parte "entendiera que, a la luz del ordenamiento jurídico nacional, la aplicación de la norma Mercosur en su territorio no requiere acto formal de incorporación, deberá notificar este hecho a la Secretaría, dentro del plazo previsto para la incorporación de la norma. Una vez efectuada esta notificación, la norma del Mercosur se considerará incorporada al ordenamiento jurídico del Estado parte.

Esta última norma deja a salvo las disposiciones del POP, sobre todo la expresión aquella de "en caso de ser necesario", con el criterio que hemos asumido en el sentido de que la no incorporación de una norma Mercosur en los Estados parte no depende de lo que exprese esta organización como si fuese de naturaleza supranacional o comunitaria porque no lo es, sino lo que prevea cada ordenamiento jurídico nacional.

Por estas razones, en el caso venezolano no es necesaria tal incorporación formal expresa interna, ni legislativa ni administrativa, por preverlo así su Constitución, su publicación en *Gaceta Oficial* nacional no tiene efecto de tal y por lo tanto, no hacía falta el mecanismo ministerial de incorporación interna de las normas del Mercosur, lo que, en todo caso, la Decisión 20/02 de esta organización la dispone como opcional (no obligatoria), lo cual debe entenderse si el derecho nacional de cada Estado parte la considera necesaria.

En nuestro criterio, vista la posibilidad de aplicación directa de estas normas, de acuerdo con el artículo 154 constitucional, lo cual sólo haría necesario publicarlas en la *Gaceta Oficial de la República Bolivariana de Venezuela*, como mecanismo interno de eficacia, que no de validez como pretenden las Resoluciones Ministeriales, no para su transformación, conversión o incorporación al derecho venezolano porque ya ello, aun siendo Derecho Internacional, la Constitución venezolana lo hace expresamente en ciertos casos (excepciones del artículo 154).

Sin embargo, el Gobierno venezolano ha optado por esta vía, con lo cual, en todo caso, reafirma, junto con los argumentos basados en los tratados del Mercosur utilizados, que el Mercosur no es un proceso de integración supranacional ya que ni siquiera hace uso de posibilidades de aplicación directa que da la Constitución venezolana para ello, no por ser Derecho Comunitario repetimos sino por asumir una posición de Derecho Internacional monista con respecto al ciertas normas de este tipo, pese a que la regla general de la misma Constitución es, al contrario, acoger la tesis dualista al exigir que los tratados internacionales deben ser aprobados por ley nacional.

ÍNDICE

PRÓLOGO

SOBRE EL LARGO CAMINO CONSTITUCIONAL PARA LA INTEGRACIÓN REGIONAL ANDINA Y SU ABANDONO

ALLAN R. BREWER-CARÍAS

CAPÍTULO I

**LA INTEGRACIÓN COMO MECANISMO
PARTICULAR DE RELACIONES INTERNACIONALES
Y LA SUPRANACIONALIDAD COMO
SU POSIBLE ATRIBUTO**

CAPÍTULO II

**LA REGULACIÓN DE LA INTEGRACIÓN EN LA
CONSTITUCIÓN VENEZOLANA DE 1999**

CAPÍTULO III

EL MERCADO COMÚN DEL SUR (MERCOSUR)

CAPÍTULO IV

LA INTERNALIZACIÓN DE LAS NORMAS DEL MERCOSUR EN LOS ESTADOS PARTE SEGÚN SUS TRATADOS Y PROTOCOLOS Y LA APLICACIÓN DE LAS NORMAS DEL MERCOSUR EN VENEZUELA

www.ingramcontent.com/pod-product-compliance
Lightning Source LLC
Chambersburg PA
CBHW021557210326
41599CB00010B/487